PAUL LABBÉ

CHEZ LES LAMAS DE SIBÉRIE

CHEZ LES LAMAS
DE SIBÉRIE

OUVRAGES DU MÊME AUTEUR

Un Bagne Russe — Lib. Hachette et Cie

Couronné par l'Académie Française.
Prix Montyon.

Les Russes en Extrême-Orient — Lib. Hachette et Cie

Sur les Grandes Routes de Russie — Lib. Doin

Couronné par l'Académie Française.
Prix Fabien.

MON AMI IROLTOUIEV, CHEF DE LA RELIGION SOUS LE NOM
DE BANDIDO-KHAMBO-LAMA.

PAUL LABBÉ
Secrétaire général
de la Société de Géographie Commerciale.

CHEZ LES LAMAS DE SIBÉRIE

OUVRAGE ILLUSTRÉ DE 38 GRAVURES
TIRÉES HORS TEXTE ET D'UNE CARTE

PARIS
LIBRAIRIE HACHETTE ET Cie
79, BOULEVARD SAINT-GERMAIN
1909

CHEZ LES LAMAS DE SIBÉRIE

CHAPITRE PREMIER

LA TRANSBAÏKALIE

Le lamaïsme en Sibérie. — Le Bandido-Khambo-Lama. — La Transbaïkalie, le pays, la flore et la faune; les colons et les indigènes.

Derrière les grandes montagnes couvertes de sapins et estompées de brumes violettes qui bordent à l'est le lac Baïkal, non loin de la route escarpée suivie jadis par les caravanes venues de Chine, au bord du lac des Oies, que les Mongols, plus respectueux que les Russes, appellent le lac des Prêtres, se trouve la demeure du Bandido-Khambo-Lama. De loin, le monastère où il réside, a l'aspect d'un gros village; c'est la lamaserie principale de la religion bouddhique en Sibérie. Les temples, vastes et nombreux, renferment de grandes richesses, statues colossales et vénérées, reliques sacrées, tableaux et dessins antiques, talismans aux vertus souveraines, dieux d'or et dieux d'argent. Autour de l'habitation du maître, sont groupées des maisons de bois, où les lamas, vêtus de longues robes jaunes, l'épaule couverte d'une écharpe de pourpre, vivent dans la prière et dans la contemplation, loin du monde et du bruit, entourés de leurs disciples, à qui ils disent la loi de Bouddha et les mystères de son culte.

La religion bouddhique est pratiquée dans l'empire russe par les Kalmouks d'Astrakhan et par les Bouriates de Transbaïkalie, peuple mongol qu'on peut mettre avec les Kirghizes au premier rang des indigènes de Sibérie et qui m'a toujours particulièrement attiré. Le bouddhisme professé par les Bouriates est celui qu'on connaît au Thibet et en Mongolie sous le nom de lamaïsme. Au XIVe siècle, un moine nommé Dzonkhava, dont la venue avait été annoncée par les livres saints, entreprit de réformer la religion de Bouddha à laquelle il voulait rendre sa pureté primitive; il réussit surtout à lui donner une hiérarchie et une discipline et il créa, inspiré peut-être par l'exemple des missionnaires catholiques, ces grands monastères où les enfants font leurs études sous la direction des moines connus sous le nom de lamas.

Dans la province sibérienne de Transbaïkalie, se trouvent trente-deux de ces monastères; à la tête de chacun d'eux est un *chérétouï*. Je les ai visités presque tous. Pour y arriver, allant du campement d'un riche Bouriate à la maison d'un paysan russe, j'ai parcouru parfois en chemin de fer, parfois en radeau, le plus souvent en tarantas, ce pittoresque pays qu'est la Transbaïkalie. J'avais pour conseiller le plus haut personnage religieux de la province, le Bandido-Khambo-Lama lui-même, sorte d'archevêque, nommé par le Gouvernement russe qui le choisit entre trois candidats présentés par les moines de tous les monastères. Installé alors à la lamaserie du lac des Oies, il est le chef de la religion bouddhique en Sibérie. J'aurai l'occasion de reparler souvent de lui au cours de ce récit.

La Transbaïkalie, que je devais habiter pendant plusieurs mois, est l'une des trois provinces placées sous le commandement du Gouverneur Général de l'Amour. Elle a une superficie supérieure à celle de la France, 600000 kilomètres carrés, dont plus d'un tiers conviennent à la vie sédentaire. Elle est formée par le bassin supérieur du fleuve Amour et par ceux de rivières d'inégale importance, tributaires du lac Baïkal : l'Angara supérieure, la Bargouzine et la Sélenga. Les eaux de la province se déversent donc les unes dans le Pacifique, les autres par l'Iénisséi dans l'Océan glacial. La ligne de partage des eaux est formée par les monts Stanovoï dont le pic principal, le Tchokhondo, a 2500 mètres d'altitude. Sur leur versant oriental coulent l'Ingoda et l'Onone qui forment après leur confluent la Chilka, laquelle, grossie de l'Argoun à la frontière même de la province, prend alors le nom de fleuve Amour.

La température de la province est excessive en hiver comme en été. La moyenne du mois le plus froid est de — 30°; on a même observé dans le district de Nertchinsk, qui n'est pas situé sous une latitude très élevée, des moyennes de — 38° en janvier. La neige tombe pourtant assez rarement dans ce district et un mois parfois s'y passe sans qu'on puisse établir le traînage.

La partie nord-ouest de la province est couverte de forêts; le reste forme une vaste steppe. La flore présente deux aspects bien distincts : elle est sibérienne, sur le versant du Baïkal, et mongolienne sur celui du Pacifique. A côté du pin, du sapin, de l'épicea, du mélèze, du bouleau, du tremble, communs aux deux versants, on trouve des espèces inconnues en Sibérie depuis les monts Ourals jusqu'au Baïkal, le chêne de Mongolie, l'orme, le noyer, le pommier sauvage. Parmi les buissons et les herbes, on remarque de nombreuses espèces appartenant à la flore daourienne, qui forme la transition entre celles de Sibérie et de Mongolie.

Beaucoup de formes animales sont, elles aussi, inconnues dans le reste de la Sibérie; des insectes marquent la transition entre les espèces continentales et celles du littoral, on y trouve des serpents venimeux, des écrevisses spéciales. Les poissons des deux versants sont très différents. Enfin, on voit apparaître les grands fauves de Mandchourie et les buffles de Mongolie ; partout vivent des ours, des loups, des sangliers, des gloutons, des élans, des chevreuils, des cerfs musqués, des marmottes, des renards rouges et gris, des zibelines, des loutres, des putois, des écureuils. Les oiseaux sont aussi nombreux que variés : on en compte 328 espèces, dont 240 européennes, 43 communes au Japon et à la Chine et 45 spéciales à la région. Ils ne sont d'ailleurs si nombreux qu'en été ; en hiver c'est tout au plus s'il en reste 50 espèces, les autres arrivent en foule en mars et surtout en avril. Ils connaissent leur route, suivent les vallées et côtoient les lacs. Le passage à travers la steppe de Mongolie les ayant épuisés, ils se reposent en foule et chaque année, dans les mêmes endroits, dès leur arrivée dans un pays plus hospitalier.

La population de la Transbaïkalie est de 684 000 habitants, dont 351 436 hommes et 333 454 femmes. La province est divisée en huit districts : ce sont ceux de Tchita, Akcha, Bargouzine, Nertchinsk, Nertchinski Zavod, Sélenguinsk, Troitskosavsk et Verkhné-Oudinsk.

Trois grandes routes principales traversent la province, les deux premières suivies par les caravanes venant de l'empire du Milieu, l'une servant à amener les marchandises de Mandchourie, l'autre plus importante encore, appelée la route du thé et aboutissant à Kiakhta. La troisième traverse la Transbaïkalie de l'est à l'ouest. Le Transsibérien, qui suit la même direction, lui a enlevé une grande partie de son trafic.

Côtoyant d'abord le lac Baïkal, la voie ferrée remonte la vallée de la Sélenga, puis après Verkhné-Oudinsk, s'engage dans les vallées de l'Ouda et de l'Arikija. Après l'importante station industrielle de Petrovski-Zavod, la ligne côtoie la longue et pittoresque vallée du Khilok, puis gravit par une succession de rampes hardies les monts Stanovoï, et atteint Tchita, chef-lieu de la province. A l'époque où j'ai fait mon voyage le trajet était très intéressant, mais, par endroits, dangereux. La voie suit presque toujours très pittoresquement les rivières, tracée au flanc même de la montagne; mais les travaux de contreforts et de soubassements ont été faits de façon insuffisante et des rochers menaçants sont comme suspendus au-dessus des trains. A la fonte des neiges, les terres glissent, le poids des arbres les désagrège, elles tombent sur la voie avec des rochers et des pierres. Les accidents sont fréquents. J'en ai fait plusieurs fois l'expérience. Après Tchita, le Transsibérien suit le cours de l'Ingoda, qui prend le nom de Chilka après son confluent avec l'Onone. Il passe à Nertchinsk et finit à

LA TRAVERSÉE DU LAC BAÏKAL, AU MOIS D'AVRIL, EN TRAINEAUX SUR LA GLACE.

Strétensk, d'où il sera continué prochainement sur la rive gauche du fleuve Amour. Avant Nertchinsk, à la station de Kaïdalovo, part la ligne qui prend, après avoir quitté la province, le nom de Transmandchourien.

Le Transsibérien a eu une influence bienfaisante sur le commerce et sur la colonisation. La colonisation russe a réussi en Transbaïkalie, où les terres noires sont nombreuses et les pâturages abondants. Plus de 300 000 hectares sont cultivés, les colons pratiquent la méthode des jachères et parfois des friches. La récolte varie entre 2 et 4 millions d'hectolitres. Elle nourrit non seulement les habitants de la province, mais parfois ceux des bassins de l'Angara et de la Léna.

L'arrivée des paysans a été suivie de l'apparition d'un certain nombre d'industries locales. La plus florissante est aussi la moins favorable à la santé et même à la moralité publiques : trois fabriques d'eau-de-vie se sont ouvertes, qui écoulent 1 732 200 roubles d'eau-de-vie par an. Par ordre d'importance, le second rang revient aux fabriques de ciment qui font chaque année plus de 10 millions d'affaires.

L'élément russe est, en outre, représenté le long des frontières par des Cosaques, qui s'occupent de jardinage et de colonisation. Quelquefois ils sont mélangés aux paysans, ils habitent surtout dans les vallées des rivières Tchita, Tchikoi, Onone, Ingoda et Chilka.

L'administration désire attirer dans la province des émigrants et, quoi qu'en disent les Bouriates, les prétentions des Russes sont légitimes. Nous devons rendre un juste hommage au colon russe qui fait si modestement son œuvre et qui, sans s'en douter lui-même, est le principal agent de la civilisation en Sibérie. Malheureusement la zone agricole n'est pas très large, les terres disponibles deviennent rares. Il faudra pour les nouveaux colons prendre des terres aux Bouriates. Sous le prétexte que ces derniers ne s'occupent que d'élevage et n'ont par conséquent pas besoin de terres propres à la colonisation, on a déjà disposé de celles-ci. Aujourd'hui, on veut leur donner à chacun un certain nombre de *dessiatines* de terres[1], de telle façon que les grands troupeaux ne pouvant plus vivre, les indigènes devront sur des terres mauvaises s'occuper d'agriculture et de colonisation. Dans la vallée de la Sélenga, les Bouriates ont dû déjà devenir, bien malgré eux, agriculteurs. L'élevage est encore, malgré tout, leur principale occupation. Il y a, dans la province, 650 000 chevaux, 1 300 000 bêtes à cornes et 1 500 000 têtes de menu bétail. Les prés sont bien arrosés et les pâturages

1. Un dessiatine correspond à 1 hectare 092.

excellents; malheureusement, les épizooties sont fréquentes et terribles : on doit parfois abattre des troupeaux entiers.

Les Bouriates qui sont au nombre de 180 000, ne sont pas les seules populations indigènes de la province. On y trouve aussi des Toungouses et des Orotchones; ceux-ci sont de vrais sauvages, dont le nombre décroît d'ailleurs chaque année. Ils s'adonnent à l'élevage des rennes et s'occupent de chasse et de pêche.

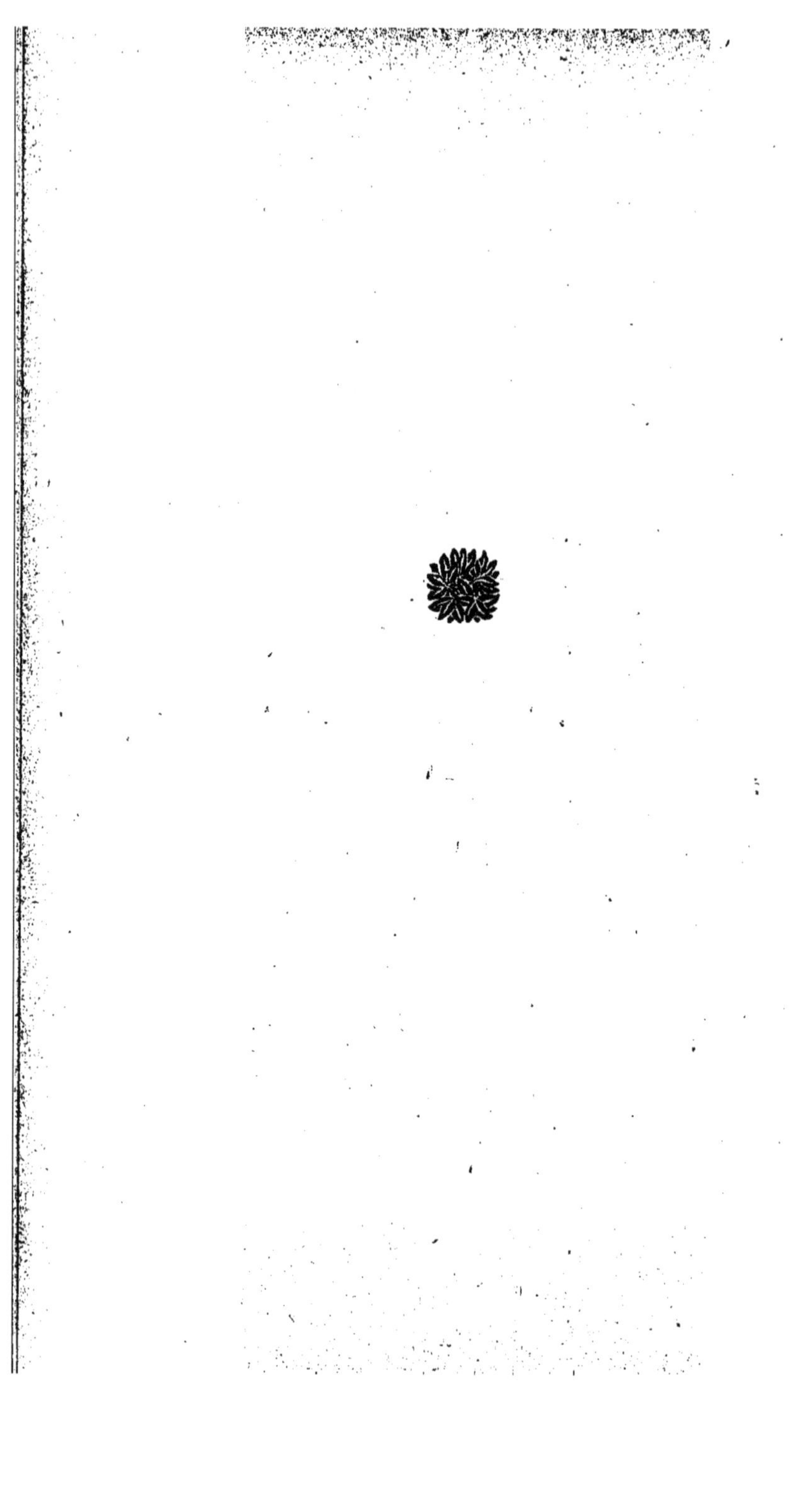

CHAPITRE II

SUR LA ROUTE DE KIAKHTA

Du lac Baïkal à la Sélenga. — Verkhné-Oudinsk. — Une auberge sibérienne. — Le pope et le lama. — La navigation sur la Sélenga. — La grande route de Kiakhta.

DEPUIS Myssovaïa, où le fameux bateau brise-glaces nous avait amenés, notre train roulait sur la rive orientale du lac Baïkal au milieu des trembles et des bouleaux; au-dessus de nos têtes, sur la montagne, une immense forêt de sapins était en feu; nous entendions les vieux troncs qui se tordaient en mourant avec des craquements sinistres; le soleil se montrait rouge, sanglant, derrière la fumée qui nous cachait le ciel obscurci et, sous ses rayons atténués, le lac, à travers le rideau de verdure qui nous séparait de lui, apparaissait vert sombre, parsemé çà et là de taches orangées.

Parfois, nous entrions dans une forêt morte, qu'un incendie avait ravagée déjà. Les arbres n'étaient plus que de gigantesques morceaux de charbon; rien encore ne poussait sur le sol couvert de cendres et de ruines, rien ne vivait dans cette désolation, et le bruit du train seul venait en réveiller les échos, condamnés depuis si longtemps au silence. Puis c'étaient des prairies vertes dans lesquelles chantaient des sources joyeuses, abritées par des saules et des bouleaux; un tapis de fleurs aux couleurs éclatantes égayait les yeux : tulipes jaunes, pervenches bleues et marguerites roses. Puis on entrait sous la haute futaie où des sapins se dressaient, géants, au tronc séculaire couleur de rouille, et le parfum des fraises mûres et des groseilliers sauvages pénétrait jusque dans nos wagons.

Le Transsibérien entra ensuite dans le bassin de la Sélenga; les horizons s'élargirent; à la forêt coupée de prairies vertes, succédèrent des marécages couverts de buissons et de grands roseaux. Enfin, dans le lointain apparut, dominée par sa grande prison blanche, la ville de Verkhné-Oudinsk avec ses clochers rouges et bleus, charmante et coquette sous les rayons trompeurs et le mirage du soleil couchant. Elle avait vraiment assez grand air, vue de loin; de près, ce n'était plus qu'un gros village, semblable à tous les chefs-lieux de districts sibériens, avec ses larges rues poussiéreuses qu'un seul orage devait transformer en fondrières, avec ses maisons en bois, avec cet aspect triste et monotone qu'offrent la plupart des villes de la

Russie. Et pourtant l'illusion durait encore lorsque je frappai à l'auberge où je devais passer la nuit; le soleil se couchait dans toute sa splendeur, couvrant les hauteurs auxquelles s'adossait la ville, d'un voile épais de vapeurs bleues.

Je retrouvais l'auberge sibérienne, celle où l'on entre peu hardi à la nuit tombante, troublé par l'idée de luttes prochaines avec des insectes dévorants. Mais ma chambre semblait propre et le linge très blanc qu'on me donna me rassura. Je m'aperçus qu'un de mes sacs avait été laissé dans la voiture qui m'avait amené de la gare. Tandis qu'on préparait mon dîner, j'allai sous le hangar chercher le bagage oublié. La nuit était tombée très vite et je buttai contre les cochons qui dormaient autour des voitures. Je mis enfin la main sur mon sac que je palpai un peu brusquement peut-être, très étonné de le trouver si gros. Un cri se fit entendre : je m'étais trompé d'équipage et j'avais réveillé un voyageur endormi. Son premier mot fut : « Par le diable, pourquoi me réveilles-tu, imbécile? » Le second mot se fit cependant plus aimable : « Est-ce que le souper est prêt? »

Le voyageur, qui m'avait pris pour l'aubergiste, se confondit en excuses quand il reconnut son erreur. C'était un pope, gaillard solide et bien portant. Moi qui courais après les prêtres de Bouddha, je rencontrais pour mon début un des missionnaires chargés de catéchiser les indigènes. Nous dinâmes ensemble. « Le chef-d'œuvre de Dieu! » s'écria le pope en levant son verre plein d'eau-de-vie pour boire à ma santé. Les popes de la Sibérie sont malheureusement presque tous semblables; ce sont trop souvent d'incomparables buveurs; seules, parfois, leurs femmes savent leur tenir tête. Ils sont en général très hospitaliers, mais ils n'ont presque aucune instruction; ils aiment à boire et à jouer, et donnent ainsi à leurs ouailles un exemple déplorable et trop bien suivi, hélas! J'essayai d'interroger le missionnaire sur les Bouriates, mais je n'en pus rien tirer. Il voulait toujours de l'eau-de-vie et, chose bien étonnante en Sibérie, la provision du buvetier était épuisée. « Ivrogne, répétait le pope à l'aubergiste, tu as donc bu toute ton eau-de-vie! et tu l'as bue tout seul! »

Il se leva en titubant, l'aubergiste le prit par le bras et le conduisit à la télègue qui devait l'emmener. Je sortis avec eux, précédé d'un grand Cosaque qui nous éclairait de sa lanterne. La voiture était haute et le pope, très gris, n'y pouvait plus monter malgré ses efforts; il injuriait la télègue, il injuriait l'aubergiste, d'une voix de plus en plus enrouée; il posait une dernière fois le pied sur le marchepied, sans succès d'ailleurs, quand le Cosaque, sans mot dire, plaça brusquement les mains sous le large postérieur du pope et lui donna une formidable poussée : le malheureux sauta en l'air et retomba de tout son poids dans l'équipage qui fit entendre un lamentable craquement. Je crus qu'il s'était fait mal, mais soudain ses ronflements sonores me rassurèrent : le brave homme, à peine installé dans la voiture, dormait déjà du sommeil du juste.

Je regagnai ma chambre, non sans avoir adressé à l'aubergiste une question qui n'étonne jamais personne en Sibérie : « Il n'y a pas trop de punaises chez vous? » L'aubergiste me rassura : tout était propre en sa maison. Je me couchai avec joie. Au bout de quelques minutes, je me sentis attaqué par une armée d'insectes qui du pied du lit montait, montait jusqu'au chevet; je me levai : je tuai, j'écrasai, mais des renforts venaient de toutes parts à l'ennemi. Au petit jour, je sonnai désespéré, appelant l'aubergiste que j'aurais voulu, je crois, écraser comme une simple punaise. Il entra; c'était un vieux Polonais assez farceur. Il ne parut pas étonné et ses yeux souriaient derrière ses grosses lunettes, quand il aperçut le désordre de mon lit : « Vous qui voyagez pour les musées français, me dit-il vivement, quelle jolie collection d'insectes vous avez pu faire cette nuit chez moi! » Ma voiture cependant était prête; un fonctionnaire m'attendait déjà, chargé par le chef de district de m'accompagner jusqu'à Sélenguinsk, d'où je devais gagner le lac des Oies et le monastère du Bandido-Khambo-Lama; je n'avais plus qu'à me mettre en route. La ville de Verkhné-Oudinsk était déjà réveillée; je la voyais cette fois sous les rayons du soleil levant. Je la retrouvais telle que je l'avais connue quelques années auparavant, lors de mon voyage au bagne russe de l'île Sakhaline. Elle est peuplée de 8 000 habitants et d'assez gros bateaux viennent y chercher les marchandises arrivées de Chine, apportées par les caravanes qui suivent la route de Kiakhta. Son bazar est très remuant, mais c'est surtout à l'époque de la grande foire du mois de janvier qu'elle est vivante et fréquentée. Elle est alors visitée par des marchands russes, bouriates, chinois et mongols. Les échanges atteignent souvent 4 millions de francs à cette foire qui a pourtant avant tout un caractère local; les objets vendus sont, en grande partie, fabriqués dans le pays; on y voit beaucoup de fourrures et aussi du thé, des étoffes et des porcelaines chinoises.

La Sélenga, qui passe à Verkhné-Oudinsk, prend sa source en Mongolie, elle traverse la frontière près de Kiakhta, arrose la partie la plus fertile de la province et se jette dans le Baïkal en formant un delta marécageux; son cours a 1 340 kilomètres de longueur. Le mouvement sur cette large rivière consiste surtout en transport de blé (8 à 10 millions de kilogrammes annuellement). Les bateaux sont chargés aussi de bois, de laine, d'eau-de-vie et de peaux. Le courant est assez rapide, mais la profondeur de la Sélenga permet à la navigation de s'effectuer tout l'été; on risque cependant d'échouer souvent sur les hauts-fonds. Les glaces apparaissent en octobre et la débâcle n'a lieu qu'à la fin d'avril. Les marchandises amenées au bord du Baïkal sont transbordées, car les petits bateaux de la Sélenga n'oseraient pas affronter les tempêtes, si terribles sur le grand lac.

Le rêve des Russes, réalisable d'ailleurs, serait de voir les marchandises de la Transbaïkalie conduites directement par eau à Arkhangelsk : il faudrait améliorer la navigation difficile de l'Angara et parfaire le canal dont on n'a pas compris l'utilité et qui réunit les bassins de l'Ob et de l'Iénisséi. On sait que des bateaux vont chaque année de la mer Blanche à l'Ob et que l'un d'eux même a pu remonter l'Iénisséi.

La route qui conduit de Verkhné-Oudinsk à la frontière mongole ressemble à toutes les grandes routes sibériennes. C'est une large piste, poussiéreuse, qui, à la fonte des neiges, se change en fondrière. La steppe s'étend parfois à perte de vue, infinie, vide, inculte et sans la moindre végétation. Non loin de la ville, le chemin descend rapidement vers la Sélenga, un bac est établi à cet endroit pour passer la rivière. Les bacs sur les fleuves sibériens sont d'aspects très divers; parfois une longue file de barques attachées les unes aux autres, la dernière fixée au rivage, retient le bac sur le courant rapide qui l'emporterait facilement; d'autres fois une corde est tendue d'une rive à l'autre et l'on passe la rivière grâce aux hommes qui tirent sur elle. J'ai vu des bacs munis de roues que des chevaux mettaient en mouvement en tournant comme dans nos carrousels.

Le bac de la Sélenga était assez grand; des télègues de paysans s'y trouvaient déjà. Nous quittions la rive quand des cris se firent entendre : un cavalier arrivait à toute bride. Il portait une robe jaune et avait sur l'épaule une écharpe rouge. J'avais dîné la veille au soir avec un pope; j'avais déjà l'espoir de déjeuner avec un lama. Celui-ci m'accompagna pendant plusieurs heures en effet. Il n'était pas sujet russe, il habitait la Mongolie et était de passage chez des parents. Nous allions rapidement sans rencontrer presque personne. La steppe le plus souvent s'étendait désolée; parfois pourtant nous traversions des plaines où serpentaient des ruisseaux abrités par des bouleaux. Des oiseaux mettaient un peu de vie dans le paysage : des bergeronnettes argentées se poursuivaient en hochant la queue avec des cris vifs et joyeux; des bandes de canards se levaient lourdement et près des étangs ou des rivières, de grands hérons, gris et blancs, étaient immobiles; perchés sur une patte, ils ne semblaient pas entendre les grelots du tarantas et poursuivaient philosophiquement leur rêverie sans daigner nous regarder passer.

Nous aperçûmes sur la gauche la première lamaserie ou pour l'appeler par son nom mongol, le premier *datsane*; ce monastère n'était pas très important; il ressemblait à un petit village orné de nombreux clochetons de bois. Le lama devait s'y arrêter, mais il me proposa de m'accompagner quelques kilomètres plus loin; nous prendrions ensemble le thé chez sa sœur. Celle-ci, Mongole comme lui, avait épousé un Bouriate. Elle habitait sous une tente d'été toute ronde, faite de feutre de mouton, et semblable aux yourtes sous lesquelles j'avais tant de fois couché en pays kirghize, aux bords du lac Balkhach et au Turkestan. Quelques yourtes plus modestes, presque noires, se trouvaient aux environs, et un grand troupeau de chevaux paissait sur la colline voisine. L'intérieur de la tente principale était très propre; tout près d'elle une autre tente plus petite avait été dressée en l'honneur du lama mongol. Pour lui on avait ouvert les caisses renfermant les objets précieux, des tapis aux couleurs éclatantes couvraient le sol; une sorte d'édredon fait d'étoffes chinoises lui servait de lit et des dieux en bronze entourés d'offrandes se trouvaient à la place d'honneur.

« Vous êtes médecin, sans doute? » demandai-je à mon nouvel ami. Au milieu des statuettes, Ototchi, l'incarnation du génie médical de Bouddha, occupait, en effet, la place d'honneur, entre Aiouchi qui donne la longue vie et Mandjouchiri, le dieu du courage, dont l'empereur de Chine est l'incarnation. Il répondit affirmativement. Après m'avoir reçu sous sa tente, le lama m'invita à entrer chez son beau-frère où une collation avait été préparée. J'allais sortir lorsqu'il vint gravement à moi, une écharpe de soie bleue à la main, et selon la coutume mongole que j'ignorais encore, me remercia d'être entré chez lui et m'offrit ce présent en souvenir des bons moments passés ensemble. Je devais recevoir au cours de mon voyage un nombre incalculable d'écharpes de ce genre, de *khadaks*, pour les appeler par leur nom.

Les Bouriates m'avaient préparé une sorte de ragoût fait de viande de mouton et de pommes de terre; ensuite on servit des bonbons et du thé. Toute la famille comprenait le russe. Le maître de la maison, seul, restait silencieux, sa femme d'ailleurs ne lui laissait guère le temps de bavarder. Elle avait plusieurs enfants dont elle me parlait avec une admiration toute maternelle. Une des filles portait la parure des fiancées, sa poitrine et ses manches étaient ornées d'objets de métal. L'autre fille, nouvelle mariée, était près de son jeune époux et tous deux se regardaient souvent, avec un plaisir évident.

« C'est gentil, les petits, quand ça se regarde comme ça, me dit la mère.

— Ça vous rappelle votre jeune temps, n'est-ce pas? » lui répondis-je en souriant.

La brave femme se mit à rire aux éclats, et son mari prenant pour la première fois la parole, lui mit la main sur l'épaule et me dit : « Elle mérite encore qu'on la regarde, la vieille. On ne trouverait pas sa pareille dans toute la province! »

Il y avait là aussi un tout jeune homme sympathique, neveu de mon hôte, qui m'offrit de me guider dans les environs et me promit de venir me prendre un jour au monastère du lac des Oies. Nima — c'était son nom — tint sa promesse, on le verra bientôt. Le lama m'accompagna à cheval, à côté de ma voiture, pendant quelques minutes encore. Il ne me parlait plus; tout à coup, il me souhaita bon voyage et me dit adieu en m'offrant un papier.

Ce papier précieux reproduisait les quatre maximes que Bouddha Sidarta établit pour le bien des hommes, lorsqu'il connut la vérité :

« Le malheur accompagne toujours la vie. »

« La source de toute vie est dans le désir et dans les passions. »

« On s'affranchit de la vie en anéantissant les passions et les désirs. »

« On y arrive seulement grâce au nirvana. »

« En pratiquant ces maximes, ajouta le lama, on parvient enfin à la sagesse! » Et sans ajouter un seul mot, le moine fit tourner son cheval et regagna lentement la demeure de ses parents. Des oiseaux chantaient auprès de moi; un vent léger et frais s'était levé. Et dans le lointain, à l'horizon, le soleil faisait resplendir la lamaserie aux toitures bizarrement découpées devant laquelle nous venions de passer.

Pour arriver à la ville de Sélenguinsk, je traversai quelques villages dans lesquels je changeai de chevaux. L'un était habité par des Séméiski, Russes de religion dissidente qui furent exilés jadis en Transbaïkalie, où ils ont fondé des villages très florissants. J'aperçus de grands champs de céréales parmi lesquelles le seigle de mars semblait être au premier rang : c'est le seigle qui dans toute la province nourrit la plus grande partie de la population, il y est de qualité supérieure, son grain très plein ne le cède en rien à celui du froment, il est même souvent plus gros et plus lourd. La culture du blé couvre 14 pour 100 de la superficie ensemencée chaque année, l'avoine 12 pour 100, l'orge 5 pour 100, le millet est peu cultivé; dans le bassin de la Chilka les champs de sarrasin sont plus nombreux que ceux de blé. Après un défilé, le panorama s'élargit et Sélenguinsk m'apparut enfin à la nuit tombante dans un site qui me sembla charmant. A la station de poste, beaucoup de voyageurs s'étaient arrêtés. « Tiens, c'est le Français d'hier, s'écria dans le fond de la pièce le prêtre de Verkhné-Oudinsk. »

J'allai lui serrer la main ; à côté de lui se trouvaient sur une table les os d'un poulet et une fiole de vodka presque vide. Le pope à grands coups de poing préparait son lit sur le plancher.

« J'arrive avant vous, me dit-il, et je suis parti le dernier. Seulement je vais toujours droit devant moi, tandis que vous vous arrêtez chez les lamas. Mais par le diable, les lamas ne sont pas des gens intéressants, ce sont des sauvages, tandis que nous... »

Altéré sans doute par les mouvements qu'il venait de faire, le pope avala ce qui restait dans la fiole, et s'étendit sur son lit avec un gros soupir de satisfaction.

« Tandis que vous, vous êtes la civilisation, » lui dis-je. Le pope flanqua un coup de poing à un oreiller récalcitrant et reprit tranquillement : « Tandis que nous, nous sommes la civilisation! » Puis il me tourna le dos et s'endormit sans me dire bonsoir.

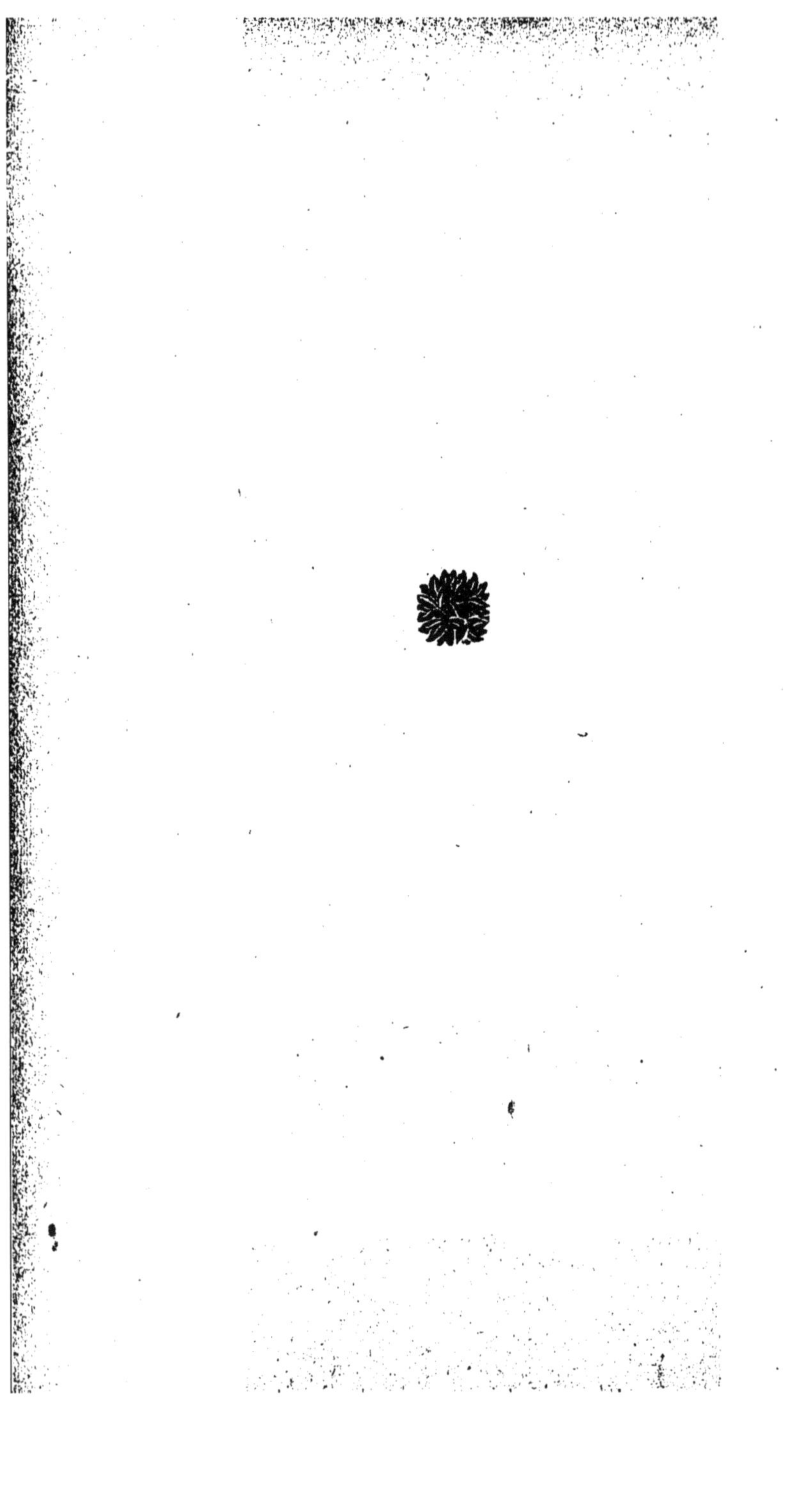

CHAPITRE III

A TRAVERS LA STEPPE DE SÉLENGUINSK

La Sélenga. — L'élevage dans la province. — Le maître d'école et la pêche. — Sur la route du lac des Oies. — Les onbones. — Le lama Dylguiriov. — Une audience du Khambo-Lama.

BATIE en bois, non loin de la Sélenga, qui coule en de pittoresques méandres au pied de montagnes aux cimes dénudées, mais aux pentes verdoyantes, Sélenguinsk est une très petite ville, bien qu'elle soit le chef-lieu d'un très grand arrondissement. Les habitants sont au nombre de 1100; ils s'occupent de jardinage, d'agriculture, de chasse et de pêche. L'agriculture est d'ailleurs florissante dans toute la région, quoique l'élevage y soit plus important encore, comme dans tout le reste de la Transbaïkalie. La population chevaline de la province est de 650 000 têtes ; il y a donc à peu près un cheval par habitant, mais il y a par habitant deux têtes de gros bétail et deux et demie de menu (1 300 000 vaches ou taureaux, 1 500 000 chèvres ou moutons). Nulle part, peut-être, les bêtes ne sont plus nombreuses en Sibérie; elles vivent dans des conditions particulièrement favorables : les prés sont bien arrosés, ils sont rarement marécageux et les vastes pâturages abondent en herbes nourrissantes; on trouve même parfois chez les Bouriates, des lieux d'hivernage pour les troupeaux où il n'est pas rare de voir des prairies fécondées par de l'engrais. Il n'y a peut-être pas de pays au monde où l'élevage s'intéresse à des espèces plus variées : en effet aux chèvres, aux moutons, aux bœufs, aux chevaux, il faut ajouter les 2500 rennes que les Toungouses et les Orotchones élèvent dans le nord de la province et les 10000 chameaux qui vivent dans le sud.

Le matin qui suivit mon arrivée à Sélenguinsk, une longue caravane de chameaux était arrêtée sur la grande place. Ceux-ci portaient de lourds ballots de thé qu'ils amenaient de Chine pour les confier au Transsibérien, à Verkhné-Oudinsk. Les pauvres bêtes paraissaient très fatiguées : couchées à terre, très sales, elles ruminaient lentement; des cordes les liaient les unes aux autres, un bout attaché à la queue d'un chameau, l'autre noué dans le naseau transpercé et souvent sanglant du chameau suivant.

Plusieurs fonctionnaires se trouvaient là; je fis connaissance avec le pristov Kourbatov qui m'aida à faire de la photographie, et avec le maître d'école, qui m'invita à pêcher avec lui, m'annon-

MÉDECIN INDIGÈNE PESANT SES DROGUES.

UNE PETITE FAMILLE DE DOURIATES SÉDENTAIRES.

çant que je reviendrais avec beaucoup de poissons et beaucoup de renseignements. Les poissons, hélas! ne furent pas nombreux, la Sélenga en contient pourtant beaucoup. Parmi les 7 millions de saumons que fournit la province, le plus grand nombre vient de cette rivière où l'on trouve aussi des esturgeons, des thymalles, des tanches, des siguis, des perches, des brochets, des carpes et des carassins. Nous dûmes nous contenter de deux perches et de trois carassins.

La pêche, à vrai dire, n'est d'ailleurs pratiquée dans la province que sur les bords du Baïkal et dans la Sélenga et la Bargouzine. Le poisson le plus recherché est un saumon, l'omoule, dont la taille atteint de grandes dimensions et dont la chair est succulente. Immédiatement salé, il est envoyé aux marchands d'Irkoutsk qui l'expédient en Europe. La pêche, telle qu'elle était comprise jadis, consistait en l'extermination barbare et irrationnelle du poisson; on a établi en 1895 des règlements et un contrôle; les résultats de ces mesures insuffisantes encore pour protéger les richesses du pays, ont été cependant encourageants.

La vue s'étendait charmante sur l'autre rive où l'on apercevait gracieuse et toute blanche, l'église du vieux Sélenguinsk, fréquentée en grande partie par des individus mi-russes, mi-bouriates qu'instruisait tant bien que mal un brave homme de pope, assez ignorant. « Ce sont des gens superstitieux, ils croient à toutes sortes de choses absurdes, me dit le maître d'école, et le pope lui-même, quand il est malade, se fait soigner par les lamas. » Et cela me rappelait le mot d'un autre pope : « Le Khambo-Lama, comme prêtre, je le méprise, mais comme médecin, il est incomparable : il en remontrerait à tous les docteurs russes. »

Je revins avec le maître d'école chez qui je devais déjeuner. Chemin faisant, nous entrâmes chez de très pauvres Bouriates qui habitaient le village; l'un d'eux travaillait : à côté de lui son petit dormait dans un berceau primitif posé à terre en plein soleil.

Quelques minutes après, j'étais dans l'école où je déjeunai gaiement; les enfants étaient en vacances et le maître, passionné pour la pêche, ne le regrettait pas trop. « Les élèves mordent moins bien à mon enseignement, me disait-il drôlement, que les poissons à mon hameçon! » Ces élèves étaient des enfants russes et des enfants bouriates, ces derniers souvent les plus travailleurs, toujours les plus tranquilles, avaient en général des dispositions pour les mathématiques et le dessin. La journée s'acheva paisiblement. Les fonctionnaires que j'avais trouvés à Sélenguinsk étaient de braves gens qui ne savaient que faire pour m'être agréable; je n'eus qu'à les remercier tous : le

ONBONE ÉLEVÉ EN L'HONNEUR DES ESPRITS ET AUQUEL SONT ATTACHÉS DES PAPIERS AVEC DES PRIÈRES.

SOUBOURGANE, TOMBEAU CONTENANT DES STATUETTES DE DIEUX FAITES AVEC DE LA GLAISE ET AVEC LES CENDRES D'UN LAMA VÉNÉRÉ.

Pl. 4, page 28.

maître d'école, le pristov Kourbatov et le stolnatchalnik Ostrometski.

Ce dernier m'accompagna le lendemain jusqu'à la lamaserie du lac des Oies. Un Bouriate converti m'avait été donné comme domestique; il se nommait Guérasime Batouiev; il monta sur le siège à côté du cocher, tandis qu'Ostrometski et moi nous prîmes place dans la mauvaise télègue qui devait nous transporter. Si la voiture était misérable, les chevaux étaient fort bons; mais je n'eus pas longtemps à m'en réjouir : la télègue n'était pas faite pour rouler aussi vite, une roue se détacha tout d'un coup; par miracle nous ne versâmes pas. Il nous fallut rafistoler la voiture et après une demi-heure d'arrêt, tant bien que mal, nous repartîmes. La route était passable; c'était une piste fort large, le pays avait l'aspect d'un plateau très vallonné; des troupeaux y paissaient, mais l'herbe était rare, le soleil l'avait roussie et les sauterelles, incroyablement nombreuses, l'avaient dévorée.

Pendant qu'Ostrometski surveillait la réparation de l'équipage, j'allai avec Guérasime jusqu'à un *onbone* qui se dressait au point le plus élevé du plateau. On trouve dans tout le pays bouriate et dans toute la Mongolie, des onbones : ce sont des branches d'arbres mises en faisceau, qui de loin, ressemblent à d'énormes buissons. Des papiers ou des étoffes sur lesquels sont écrites des prières, y sont suspendus. Dans l'intérieur, à terre, on voit du riz, du sucre, du thé ou du tabac : ce sont des offrandes faites par les croyants qui passent, aux esprits, qu'il importe toujours de se rendre favorables.

Je venais de photographier l'onbone, lorsqu'en me retournant, il me sembla que Guérasime avait jeté une pièce de monnaie sous les branches; en tombant la pièce avait produit un son caractéristique. Je m'approchai et je vis à terre, au milieu des autres offrandes, une pièce de deux kopeks.

« Tu fais des offrandes au dieu mongol! Je te croyais chrétien, dis-je à Guérasime.

— Certes, me répondit mon domestique, je suis même né de parents convertis depuis leur enfance à la religion chrétienne. »

Puis haussant les épaules il ajouta : « Vous savez, notre Dieu, quand je lui demande quelque chose, il ne me l'accorde pas toujours. Aussi, maintenant, quand j'en ai l'occasion, je m'adresse aussi au dieu mongol : si l'un ne me donne pas ce que je désire, peut-être l'autre sera-t-il plus généreux.

— Mais quand ton désir est satisfait, lequel remercies-tu?

— Ah! me dit très tranquillement Guérasime, comment voulez-vous que je sache celui qui s'est laissé attendrir? Je ne remercie personne! »

UN INTÉRIEUR BOURIATE. LES FEMMES ONT MIS LEUR PARURE DES JOURS DE FÊTE.

Pl. 5, page 30.

Nous reprîmes la voiture; deux kilomètres plus loin, nos chevaux firent un écart et, effrayés, tournèrent sur la gauche. A droite un cheval mort pourrissait; des corbeaux en masse volaient autour de lui et un grand oiseau de proie agitait ses ailes, le bec ensanglanté; ses serres étaient si profondément entrées dans les chairs décomposées, qu'il semblait attaché au cadavre. Tout à coup la lamaserie du lac des Oies nous apparut. Le paysage avait un caractère très spécial : à nos pieds un grand lac avec des ruisseaux capricieux qui serpentaient, argentés, dans la prairie jaunie, puis le datsane avec ses temples et ses chapelles, avec les maisons des lamas qui formaient un village entier; près du monastère, sur la gauche, une colline avec un grand onbone, puis au fond la chaîne des montagnes derrière laquelle se trouvait le lac Baïkal. Notre cocher nous fit obliquer légèrement sur la gauche; il fallait chercher les gués favorables : un des bras du ruisseau était large et profond. Puis, à toute allure, au risque de perdre une fois encore notre roue, nous entrâmes dans une vaste cour, dont on venait d'ouvrir la grande porte à deux battants. Un jeune homme accourut, et après m'avoir fait entrer, disparut un moment et revint accompagné d'un lama. Celui-ci s'avançait gravement; il était vêtu d'une robe jaune serin, une large écharpe rouge sous le bras et sur l'épaule; ses manches avaient des revers bleu ciel, et sur la tête il portait un chapeau jaune de forme bizarre. Il me salua un peu théâtralement, me demanda si j'étais l'étranger attendu, et quel grade j'avais dans mon pays. Avant que j'aie eu le temps de répondre, Ostrometski s'écria avec le plus grand aplomb : « Son Excellence est général ! »

Dylguiriov — c'était le nom du lama — prit un air plus majestueux encore. Je m'excusai de le déranger et de l'avoir ainsi arraché à ses élèves ou à ses prières.

« Non, me répondit Dylguiriov, je dormais ! »

Je ne pus m'empêcher de rire et Dylguiriov m'imita : le brave homme déposait son masque; il avait pris pour me recevoir l'air solennel, mais le naturel revenant au galop, je le voyais tel qu'il était, un aimable et joyeux compère.

Un jeune lama vint en courant nous apprendre qu'Iroltouiev, le Bandido-Khambo-Lama, nous attendait. La maison du chef de la religion était construite en bois; dans une grande cour se trouvaient un certain nombre d'habitations, la plus grande pour Iroltouiev, les autres pour ses élèves ou ses hôtes de passage. La réception fut un peu cérémonieuse. Le Khambo-Lama, très aimable, restait sur la réserve. Éludant mes questions, il me parla de moi-même. Il me dit qu'il connaissait la France. En 1900 il avait été à Saint-Pétersbourg

IROLTOUIEV, LE BANDIDO-KHAMBO-LAMA.

pour être présenté à l'Empereur, puis il avait fait, lui aussi, comme tant d'Européens, un voyage circulaire, mais quel voyage! Du lac des Oies au lac des Oies par Saint-Pétersbourg, Paris, Marseille, Ceylan, les Indes, le Siam et la Chine. Il avait officié au musée Guimet et connaissait quelques-uns de nos meilleurs orientalistes.

Iroltouiev me dit cela gaîment; il paraissait intelligent et sympathique; puis changeant brusquement de sujet de conversation, il me promit de me donner pendant mon séjour au datsane tous les renseignements dont j'avais besoin, ce dont je le remerciai sincèrement... Mais mon audience était terminée. Le Khambo-Lama avait à recevoir des Chinois qui étaient ses hôtes depuis quelques jours. Je me retirai.

Dylguiriov cependant m'attendait. Un dîner avait été préparé, viande de mouton arrosée de madère. Nous le partageâmes ensemble. Ce n'était plus le Dylguiriov majestueux du matin, c'était un brave homme très joyeux qui s'amusait de tout et riait comme un enfant.

« Et vous allez pouvoir vous reposer, me dit-il, c'est bon de dormir bien tranquille après un bon repas; il n'y a pas de punaises chez nous! »

Et mon affreuse nuit de Verkhné-Oudinsk me revint à l'esprit; je la racontai à Dylguiriov qui s'en amusa follement. Son rire s'arrêta lorsque je lui racontai mes massacres d'insectes.

« Oh! dit-il, combien en avez-vous tué?

— Est-ce que je sais! quarante peut-être!

— Eh bien, vous avez fait quarante péchés! »

Et le lama m'expliqua que nul ne doit tuer une bête à laquelle Bouddha a donné la vie; c'est un crime pour un lama et un gros péché pour les hommes plus vulgaires. « Eh bien, dis-je à Dylguiriov, vous avez mangé du mouton avec moi. Le mouton avait été tué : j'ai donc péché et vous, vous avez commis un crime! »

Mon raisonnement surprit Dylguiriov qui se gratta la tête, puis avec un geste indifférent :

« Oh! vous savez, dit-il, quand la viande est cuite... il n'y a plus de péché. »

CHAPITRE IV

LE MONASTÈRE DU LAC DES OIES

Le Bogdoguéguen, dieu vivant d'Ourga. — Les grandes incarnations. — Conversations avec le Khambo-Lama. — Un nouveau-né. — Les lamas et leurs élèves. — Les instruments de la musique sacrée. — Les temples du monastère, les statues et les objets du culte.

L'INCARNATION de Dieu, le Bogdoguéguen, que vénèrent avant tout les Bouriates et leurs lamas, habite en pleine Mongolie, dans la ville sacrée d'Ourga. Le voyage est dur depuis les monastères de Sibérie jusqu'à Ourga ; pourtant chaque année, des lamas et des pèlerins s'y rendent et vont prier dans les temples sacrés de l'homme-dieu. La route est mauvaise, tantôt sablonneuse, tantôt pierreuse, toujours désagréable, et les véhicules incommodes; des plaines monotones se succèdent; on rencontre des animaux sauvages ; les hurlements des loups troublent les nuits; autour des campements des aigles planent et des nuées de corbeaux s'abattent ; on voit partout des cadavres jetés à terre, abandonnés aux rapaces; ils pourrissent remplissant l'air de puanteur, rongés par les reptiles, dépecés par les oiseaux de proie, et les chiens, mal nourris et affamés, emportent parfois, lorsqu'on s'approche d'eux, des morceaux de chair humaine en putréfaction, un bras de femme ou une tête d'enfant. A Ourga, le charnier dégage une odeur infecte, intolérable, mais la ville est intéressante entre toutes; c'est pour les Mongols et les Bouriates la cité sainte. Le dieu vivant réside dans un grand palais autour duquel s'élèvent des temples superbes, dont l'intérieur est parfumé par des plantes odorantes et bénies, et où se dressent magnifiques dans leur tranquille sérénité, couverts de soie légère, des Bouddhas d'or et d'argent.

Trois grandes incarnations de Dieu existent en notre siècle pour les Bouriates : la première est le fameux Dalaï-Lama qui règne à Lhassa, la ville sainte entre toutes; la seconde est le Rimbotché qui vit dans les monastères de Lavrane; le troisième est le Bogdoguéguen. Le Dalaï-Lama, après ses démêlés avec l'expédition anglaise du colonel Younghusband au Thibet, a demandé pendant quelque temps asile au Bogdoguéguen; comment les deux dieux se sont-ils entendus? Cela est encore un mystère. Les dieux doivent être jaloux en diable de leur autorité et le Bogdoguéguen, maître absolu chez lui, n'a peut-être pas été tenté de reconnaître la supériorité divine de son confrère dépossédé. Celui-ci, par contre, qui connait les traditions di-

LE JEUNE DIEU VIVANT D'OURGA, LE BOGDOGUÉGUEN.

vines, a pu trouver le dieu d'Ourga quelque peu schismatique : car le Bogdoguéguen s'est modernisé, il fait de la photographie, il va à la chasse et rêve de bicyclette, instrument trop bizarre pour n'avoir pas été créé par les esprits malins.

Dylguiriov m'affirmait que le dieu est forcé d'avoir un fusil. Un mauvais esprit femme cherche constamment à le séduire. Pour arriver à lui, elle prend la forme d'un animal. Seul, il peut la reconnaître sous le corps d'une biche ou d'un buffle sauvage ; dès qu'il la rencontre, il prend son fusil pour la tuer, mais le mauvais esprit quitte toujours à temps sa forme mortelle, et le dieu reste ainsi son fusil à la main pour écarter de nouvelles séductions.

On dit tout bas que la femme n'est pas méprisée avec tant d'énergie par le Bogdoguéguen ; on ajoute même qu'il en a deux ; de plus méchantes langues encore, lui en donnent davantage. J'en parlais un jour devant le Khambo-Lama Iroltouiev qui, au lieu de me répondre, eut un vague et incompréhensible sourire.

« Mais vous, dis-je alors à un des lamas qui nous entouraient, vous avez été longtemps à Ourga ; quand vous avez vu le dieu, était-il toujours seul ? »

Et le lama troublé me dit : « Toujours, quoique cependant il me semble qu'une fois, j'ai bien vu près de lui un je ne sais quoi qui pouvait ressembler à une femme. »

Tous les assistants protestèrent. Leur collègue avait cru voir, il n'affirmait pas, et d'ailleurs tout mauvais esprit aime à prendre la forme de la femme et celui-là maladroitement s'était laissé voir. Je me mis à rire, mais un lama me dit avec colère et non sans raison :

« Après tout, il est dieu. Il sait mieux que nous ce qu'il doit faire. Et cela ne regarde personne ! »

Je me tournai vers Iroltouiev, curieux de surprendre ses impressions à l'audition de propos aussi libertins : le Khambo-Lama, très placidement, continuait à sourire, assis à terre sur un coussin de soie rouge, les mains sur ses genoux, son chapelet noué au poignet, grave, avec la sérénité qu'on admire dans les vieilles statues de Bouddha.

Les lamas font comme leurs dieux; la chasteté est pour eux une vertu fondamentale. Pourtant il en est, plus d'un dit-on, qui confient leurs troupeaux à des femmes et les mauvaises langues prétendent que ces bergères ont de secrètes complaisances pour leurs maîtres ; aussi les fils des lamas, comme ceux des archevêques de jadis, s'appellent des neveux.

Il y a pourtant, il importe de le dire bien haut, des lamas très sages, et nombre de chéré-

Pl. 8, page 38.

LES TEMPLES ET LES MAISONS DES MOINES DE LA LAMASERIE DU LAC DES OIES.

touïs ou chefs de monastère sont fort sévères pour les péchés contre la chasteté.

Iroltouiev fut toujours très aimable et très courtois avec moi, mais ce ne fut qu'à mon second séjour que je réussis, ou que je crus réussir à gagner sa confiance. Longtemps il se tint sur la réserve; il avait peur que je ne le compromisse en répétant bien ou mal ce qu'il aurait pu m'avoir dit. Quand je lui posais une question précise, il se disait trop âgé pour répondre : les vieillards avaient toujours la mémoire courte, il se sentait un peu indisposé. C'étaient là des défaites plus ou moins habiles, sauf la dernière peut-être. Iroltouiev n'était pas toujours bien portant, mais il n'était pas un vieillard, et d'ailleurs chez tous les indigènes de Sibérie, ce sont les plus âgés qui parlent et qui savent renseigner. Que de fois j'ai entendu cette phrase : C'est quand on est vieux qu'on se souvient!

Iroltouiev aimait à parler politique. Les Chinois l'intéressaient et il les plaignait.

« Tous les Européens qui se vantent d'être civilisés se sont réunis contre eux, s'écriait-il. Après l'affaire des Boxers, eurent lieu des massacres terribles, auxquels tous les peuples d'Europe ont pris part, on a brûlé les temples bouddhiques, insulté nos prêtres quand on ne les tuait pas; on a pillé nos monastères, brisé nos objets sacrés, ce qui est plus grave encore, car je préfère le voleur à celui qui détruit pour le seul plaisir de profaner. »

Le fond de sa pensée, Iroltouiev ne le montrait pas, mais il parlait avec une grande amertume; il éprouvait un certain plaisir à blâmer les Européens, surtout peut-être parce que parmi ces derniers se trouvaient des Russes. Les lamas, que certains ont voulu bien souvent faire passer pour des agents de la Russie, sont les premiers atteints par les réformes qui menacent d'appauvrir les plus fortunés des Bouriates.

Iroltouiev recevait souvent des visites. Un jour, il me pria de venir le voir : un grand personnage se trouvait chez lui. Arbane Dorjéiev était un Bouriate qui était allé jadis à Lhassa. Il avait plu au Dalaï-Lama dont il était devenu le confident. Plusieurs fois le dieu envoya Arbane Dorjéiev en ambassade chez le Tsar; celui-ci revenait de Saint-Pétersbourg lorsque je le vis et s'était arrêté au datsane pour changer de chevaux, m'affirma-t-on. Il est probable que l'arrêt avait été plus long et qu'une conversation intéressante avait eu lieu entre Iroltouiev et lui. Arbane Dorjéiev, au milieu des lamas mongols, ressemblait presque à un moine de chez nous : il avait l'air très civilisé; sa tête rasée paraissait très jeune. Il me raconta qu'il était venu à Paris et avait officié plusieurs fois au musée Guimet.

MON AMI LE LAMA DYLGUIRIOV.

Chez les Lamas. Pl. 9, page 40.

Au milieu de toutes ces connaissances nouvelles, Dylguiriov resta toujours mon compagnon habituel, et j'avoue qu'il me manquait beaucoup lorsqu'il s'absentait. Un Bouriate était venu le chercher un jour pour laver un nouveau-né. Quand une femme a un bébé, on appelle une vieille qui fait fonctions de sage-femme; puis au bout de trois jours, un lama vient laver l'enfant et il lui donne un nom qu'il choisit lui-même, car il sait les noms qui pourraient lui porter malheur. Les parents, pour sa peine, lui font un petit cadeau ou lui donnent simplement un rouble. Il faisait ce jour-là une chaleur terrible et j'offris à Dylguiriov mon ombrelle grise qui lui plaisait beaucoup. Il partit à cheval tout de jaune et de rouge habillé, abrité par l'ombrelle sur laquelle tombaient les rayons du soleil. Il pensait qu'on l'admirait beaucoup et il commençait par s'admirer lui-même. A son retour, j'allai le voir dans sa chambre, je lui demandai si je n'arrivais pas à l'heure de la prière. « Si, me dit-il, mais cela ne fait rien. » Il donna un coup sur son moulin à prières, sorte de boîte avec un pivot sur lequel elle tournait et dans l'intérieur de laquelle se trouvait une prière écrite sur un papier.

« Nous pouvons causer tranquillement, reprit-il, le moulin tourne et la prière se dit toute seule. »

Si Dylguiriov aimait peut-être un peu trop la paresse qu'il appelait la contemplation, d'autres moines travaillaient au datsane. Les élèves étaient très nombreux. Les enfants peuvent entrer au monastère comme élèves à l'âge de sept ans. Dans les premières années, lorsqu'ils ont moins de dix ans, ils peuvent aller le soir chez leurs parents. On leur apprend l'alphabet mongol, puis à lire et à écrire, un peu d'arithmétique, un peu de logique (?) et on leur fait lire enfin des prières en caractères thibétains.

Les élèves ne donnent pas d'argent à leur maître qui reçoit cependant des cadeaux des parents. Un lama peut avoir parfois jusqu'à vingt et trente élèves. Certains de ces élèves ont vingt-cinq ou trente ans. Ils ne seront pas tous des lamas. Il en est qui poussent leurs études beaucoup plus loin et qui deviennent médecins ou astrologues. Les astrologues sont très vénérés dans les monastères. Ce sont eux qui, dans les datsanes d'Ourga ou de Lhassa, savent voir, en examinant les astres, lorsque le dieu vient à mourir, dans quel corps d'enfant l'esprit divin s'est réincarné.

D'autres travaux occupaient aussi les habitants du monastère : il y avait une imprimerie, une fabrique de bourkhanes, des ateliers divers, une école de musique.

Tous les matins un élève montait sur l'échafaudage où se trouvait le tam-tam qui donne le signal de la prière. Aussitôt retentissait une musique

LE DIEU MAIDARI, FUTUR RÉGENT DU MONDE.

LE GRAND TEMPLE DU LAC DES OIES.

bizarre autant que sonore : on aurait cru entendre des trompes et des cornemuses cherchant en vain à se mettre d'accord. Les artistes musiciens soufflaient dans une énorme trompe appelée *bouré* qui s'allonge et se replie à la façon d'une longue-vue; d'autres jouaient du *biscour* qui est un bouré de taille moindre, de l'*arrango*, tambour en métal, du *khimgrik*, sorte de grosse caisse en peau et des cymbales appelées *sinbing*.

Le grand temple du datsane du lac des Oies était vaste; pour l'embellir, pendaient au plafond des *badanes* d'étoffes diverses, sortes d'oriflammes rouges, jaunes ou bleues, des *tchemapremas*, pelotes de couleurs éclatantes réunies les unes aux autres par des fils de soie; des *djansanes*, lanternes énormes en papier, des *daidés*, longs voiles de soie blanche si légers et si fins que chacun d'eux aurait pu passer dans une bague de mariage. Au fond se dressaient de grandes idoles et beaucoup de bourkhanes, faits parfois de métaux précieux. On trouvait là Bouddha à des âges divers, couvert de costumes thibétains et parfois hindous; Ariabolo avec ses huit bras et ses onze têtes; Maïdari qui remplacera Bouddha pour gouverner le monde; Dzonkhava le réformateur du bouddhisme et le créateur du lamaïsme; Ototchi, le dieu de la médecine; Aiouchi, celui qui donne la longue vie et apporte dans les ménages la prospérité; Nogon-Dara-Ekhé, la déesse verte qui préside aux accouchements; Tsagan-Dara-Ekhé, la bonne déesse que jamais on n'implore en vain; Mandjouchiri, le dieu de la science et du courage ; le terrible Otchervani, l'indécent Tchoïdjil, Abéda, Doioukhor avec trois têtes et quatre bras, Gombo tout bleu, avec un collier de têtes sanglantes au cou et tant d'autres qu'il serait trop long d'énumérer. Tous ces dieux sont les *boudisatvas*, c'est-à-dire les incarnations les uns des autres. « Ce sont, me disait Iroltouiev, comme les rayons du soleil lumineux qu'est Bouddha. »

Devant les Bourkhanes étaient placées les Dolon-irdiné, les sept choses précieuses par excellence : la roue étincelante qui se meut dans le ciel et qui éclaire le monde, la pierre qui donne de la fraîcheur dans les étés trop chauds et de la chaleur pendant les plus terribles hivers, l'image de la sainte femme de Tchjakravartine Khan qui possède la beauté parfaite et dont un attouchement donne le repos et réjouit les âmes, l'image du premier ministre du même khan qui enseigne la charité et écarte la misère, l'éléphant sacré qui écrase les ennemis et emporte l'homme sage vers le bien, le cheval qui parcourt l'espace avec la rapidité de l'éclair en préservant de toute frayeur celui qui le monte, et l'image vénérée du chef guerrier qui porte le glaive de Bouddha.

LES MUSICIENS DU MONASTÈRE DU LAC DES OIES.

A côté des sept choses précieuses étaient les Dakchi-daktchjad, les huit objets bénis : l'ombrelle Douk, qui donne la vertu en anéantissant les désirs du péché dans le cœur de celui qui la porte ; le poisson Sernia qui, tout en or, vit dans la rivière sainte nommée Tszambon ; le Boumba, qui est le plus sacré des vases ; la fleur de lotus Badma qui délivre de l'impureté et de la corruption ; le coquillage blanc Doungar Isitchene qui est le symbole du bonheur et remplit les dix pays du monde de bruits mélodieux ; le dessin Balbeou si compliqué ; l'ornementation Tchjalsane et le Khorlo qui est la roue même de la vie.

Et partout devant les autels je voyais les sept tasses d'offrandes que, sous leur tente, même de pauvres indigènes placent devant leur bourkhane préféré, elles portaient les noms suivants : Argame, Badine, Bousbé, Douibé, Alogui, Gandi, Nibda, la première pleine d'eau pure, la seconde d'eau rafraîchissante, la troisième avec une fleur, la quatrième laissant échapper une fumée parfumée, la cinquième semblable à une veilleuse, la sixième contenant une eau odoriférante et la septième des desserts. Les dieux les plus vénérés étaient recouverts d'écharpes de soie légère ; auprès d'eux brillait le miroir de métal appelé *tolé* et était placé le *monkodzola*, grand calice dont le couvercle de métal cachait une bougie qu'on allumait dans les grandes cérémonies.

A côté du datsane dont l'extérieur rappelait certains édifices chinois, se trouvaient épars au milieu des maisons des moines, dix-sept autres temples moins importants qui portaient le nom de *soumés*; certains très petits étaient consacrés à une même incarnation de Bouddha; il y avait aussi le temple d'Aiouchi, qui est la lumière sans nombre et qui, tout rouge, tient le vase sacré d'où s'échappent des fleurs; celui d'Ototchi qui a fondé l'art médical et est l'auteur du livre célèbre appelé *Tchjoudibi* et qui, bleu foncé, est assis et tient dans la main droite des plantes médicinales et dans la gauche une tasse pour recevoir les offrandes; celui de Mandjouchiri qui donne aux hommes la sagesse : dans sa main gauche il tient un livre avec la fleur du lotus et brandit avec la main droite le glaive qui sert à briser les pièges de l'ignorance et qui est le symbole de la sagesse suprême.

Dans un autre temple on voyait surtout les Dokchites, avec leurs figures terribles, leurs formes étranges conçues pour la glorification de Bouddha et pour le bonheur du genre humain, avec leurs poses obscènes qui doivent dégoûter les hommes du vice et de tous les objets matériels. Ils écrasent la femme impure d'où, depuis que le monde existe, tant de mal est sorti. On les trouve surtout à la suite de Iamandava dont les neuf

LES IMPRIMEURS INDIGÈNES DE LA LAMASERIE DU LAC DES OIES.

visages sont terribles, qui a, pour vaincre le mal, trente-quatre bras robustes et seize jambes puissantes et qui écrase une femme dans un embrassement.

Le dieu dont je trouvais le plus souvent la statue, était Maïdari le miséricordieux, le futur cinquième Bouddha parmi les mille directeurs du monde. Son règne commencera dans la deuxième période mondiale, quand la vie humaine arrivera à quatre-vingt mille ans. En ce moment il vit dans le ciel et explique la doctrine aux Tengris, esprits vénérés; quand son heure arrivera, il descendra sur la terre et vingt mille ans après il se déclarera Bouddha. On le représente assis sur un trône, à l'européenne, prêt déjà à se lever de son siège pour aller sauver le monde.

Les élèves vont souvent prier longtemps dans les temples. Près de la porte est toujours une longue canne ornée de rubans, d'étoffes et parfois de fourrures. Le lama qui les surveille en use pour rappeler les bavards à l'attention ou pour réveiller les dormeurs.

« Je m'en sers très volontiers, me disait Dylguiriov, cela me rappelle le temps où je recevais des coups au lieu d'en donner.

— Vous n'étiez donc pas toujours sage?

— J'étais très bavard, m'avoua le brave homme, quand je ne dormais pas. Et de mon temps les maîtres avaient le bras sévère et la férule peu clémente. Ce n'était pas toujours drôle! »

Un vieux lama qui nous écoutait l'interrompit en soupirant : « Oui, mais on était jeune et malgré tout c'était le bon temps! »

CHAPITRE V

UN MARIAGE BOURIATE

La visite de Nima. — En excursion. — La petite Dara. — Le mariage bouriate. — Au clair de lune.

Je reçus un jour de façon inattendue une visite sur laquelle je ne comptais plus guère. Dylguiriov était entré dans ma chambre à cinq heures du matin et tapait de toute sa force sur ma table pour mieux me réveiller. J'avais travaillé très tard dans la nuit et mon premier mouvement fut d'envoyer à tous les diables le trop bruyant lama. Mais Nima était entré avec lui et son bon visage me réjouit. Il tenait la promesse qu'il m'avait faite quand je l'avais vu chez ses parents et il venait passer quelques heures avec moi. C'était un garçon intelligent, à la répartie joyeuse et amusante. Il vint ainsi me voir plusieurs jours de suite, mais heureusement à d'autres heures. Nous fîmes ensemble quelques excursions.

Un soir nous nous trouvâmes tous deux loin du monastère. Un orage menaçait; la nuit tombait, sombre, sans lune, et, venant de l'ouest, au-dessus des montagnes, de gros nuages s'avançaient. Nima me proposa de nous arrêter chez des amis. Ceux-ci vivaient sous une tente solitaire dans la plaine. Trois personnes, le père, brave homme assez insignifiant, la mère, robuste et large personne, et une jeune fille, fine et gracieuse, tout à fait gentille. On m'accueillit en vieil ami; Nima plus d'une fois avait parlé de moi dans la maison.

« Vraiment charmante, la petite, dis-je à mon compagnon; a-t-elle un fiancé? Si elle n'en a pas, épousez-la, Nima. »

Nima rougit et au lieu de me répondre se mit à me parler des fiançailles bouriates.

« Si vous le désirez, je vous raconterai toute la cérémonie du mariage. Dara, ajouta-t-il en me montrant la jeune fille, parle assez bien le russe pour m'aider si j'oublie un détail. »

Et pendant que le maître de maison, assis auprès de moi, remplissait mon verre de thé, que la grosse ménagère préparait le souper, et que Dara très proprement essuyait les verres et les assiettes, Nima me fit le récit proposé.

Comme partout chez les populations asiatiques, les parents du jeune homme doivent payer une dot à ceux de la jeune fille. Cette dot, chez presque tous les indigènes de Sibérie, s'appelle le *kalym*. Dans beaucoup de familles, encore respectueuses des anciens usages, on fiance les enfants dès le plus jeune âge, parfois même au berceau. Vers dix-sept ans le jeune Bouriate songe au mariage ; il sait que c'est par les yeux que l'on gagne le cœur des filles et il demande à son père un beau cheval et un vêtement neuf qui lui permettront de se présenter partout et de faire valoir tous ses avantages. Dès qu'il est d'accord avec la jeune fille qu'il a choisie, il fait ses confidences à sa mère ; c'est elle qu'il prend comme avocat, c'est par elle que le père apprendra les intentions de son fils ; comme bien souvent chez nous, la maman répond aux objections et sait vaincre la résistance du papa. Celui-ci doit payer une dot et c'est là chose peu agréable ; il se défie des exigences des parents de la jeune fille. Un parent ou un ami du père du jeune homme est chargé d'aller demander quelle sera la dot exigée. Si les prétentions ne semblent pas excessives, le messager fait une seconde visite, porteur de présents : une écharpe de soie pour le père, une étoffe pour la mère. La jeune fille se contente d'une bague ou simplement de bonbons.

« C'est un rôle très agréable à jouer que celui de messager, s'écria mon hôte en interrompant Nima ; on vous grise chez le jeune homme, on vous grise chez la jeune fille ; il y a de l'eau-de-vie et des présents partout. »

Dès que les premiers cadeaux ont été échangés, la jeune fille doit vivre à l'écart et ne plus sortir de chez elle. Le kalym donné à ses parents est égal au quart ou au cinquième de leur fortune. Une dot est considérée comme déjà belle lorsqu'elle comprend cinquante bœufs et cinquante moutons; il y a des dots de trois et quatre cents têtes de bétail. La livraison de la dot ne se fait jamais sans discussion. Bien des parents cherchent à donner en kalym les bêtes les moins saines ou les plus âgées.

Le jour où le kalym est livré, un grand banquet réunit les familles et leurs amis. Devant l'hôte le plus respecté de l'assistance, on place une tête de mouton bouillie; la peau du front a été préalablement coupée en petites languettes et tour à tour, selon leur degré de parenté ou d'importance, les invités mangent et jettent dans le trou du toit par où sort la fumée, un morceau de la peau du front. Le repas copieux n'est guère composé que de viande; plus les familles sont riches, plus il est arrosé d'eau-de-vie. La fiancée, seule, manque à la réunion. La date de la cérémonie n'est pas fixée par les familles; c'est le lama qui en décide : il y a des jours néfastes que seul un moine peut connaître; seul aussi il peut dire quel chemin le cortège devra suivre; les mauvais esprits sont nombreux, il importe de les fuir et de les éviter. Les parents de la jeune fille n'acceptent jamais la date sans protester; elle est trop prochaine, ils veulent garder leur enfant quelque temps encore... mais le fiancé sait bien le moyen de calmer toutes ces récriminations et il décide son père à ajouter deux ou trois moutons à la dot déjà livrée. L'accord est aussitôt conclu.

Le père de la fiancée prépare pour le jeune ménage une tente en feutre dont il doit garnir convenablement l'intérieur; il donne en outre à sa fille des vêtements et une parure, sorte de couronne ornée de pierres et de corail, avec de grandes chaînes de chaque côté qui tombent en colliers sur la poitrine de la jeune fille.

La veille du mariage, il y a chez les parents de la fiancée un grand dîner et le soir, les jeunes gens et les jeunes filles se réunissent autour de celle-ci. Le fiancé n'est pas admis; la fête n'en est pas moins très gaie : on boit, on chante, on danse. Toutes les règles de la décence ne sont pas très respectées et plus d'une fois la vertu de la fiancée n'est pas sans courir de danger...

On invite parfois deux cents personnes pour escorter la mariée. Les vieillards sont à l'avant-garde, les autres les suivent à cheval ou en voiture, par ordre d'importance et de parenté. La mariée à cheval vient la dernière, entourée de ses jeunes amies mariées, car les filles ne sont pas admises à la cérémonie. Les invités offrent des cadeaux. Le cortège se met gaiement en marche; il augmente peu à peu, on rencontre à chaque instant des amis du jeune homme. De temps en temps on s'arrête pour boire au bonheur du marié. Pendant ces arrêts, la mariée s'assoit sur l'herbe à l'écart. On la conduit enfin à la yourte nuptiale ; on étend devant elle, pour la cacher au public curieux, une peau de bête, derrière laquelle ses amies la décoiffent et la recoiffent. Jeune fille, elle portait huit petites nattes : une femme mariée n'en doit plus avoir que deux.

« Et, interrompit Dara, elle pleure.

— Pourquoi ? demandai-je. Elle n'en a peut-être pas envie !

— Chez nous, reprit le maître de maison, les femmes savent pleurer, même quand elles n'en ont pas envie. C'est comme cela qu'elles obtiennent bien des choses que nous ne voulons pas leur donner. Mais à ce moment du mariage, la décence commande à la jeune fille de pleurer. »

La jeune fille paraît alors devant l'assistance, habillée en femme mariée. Trois fois en chœur les invités appellent le fiancé. Au troisième appel, celui-ci se montre, saute sur son cheval et fait trois fois le tour de sa maison. La jeune fille s'agenouille sur un feutre et salue les assistants qui lui crient : « Prie Dieu et sois heureuse. Implore les esprits bienfaisants, les Tengris vénérés, et tu seras riche. »

« C'est alors, continua Nima, le plus beau moment pour le fiancé. Tout le monde le regarde et l'envie. Paré de ses plus beaux habits, il prend la main de sa femme, qui se cache le visage de l'autre main, et il la conduit chez ses parents. Le père, après la prière dite par le lama, offre à sa bru un plat plein de morceaux de lard, qu'elle jette dans le feu pour s'assurer l'indulgence des esprits familiers du foyer. La scène est très imposante, si le père du jeune homme n'est pas encore tout à fait ivre!

« Pour ramener la gaieté, la jeune mariée prend dans le plat des morceaux de lard qu'elle jette au visage de son beau-père et de sa belle-mère; tout le monde rit et on lui donne à son tour à manger. Elle retourne sous la tente nuptiale, car le marié seul doit assister au dîner, un grand dîner cette fois, où l'on mange surtout du mouton. A la fin du repas le plus jeune prend le crâne de la bête et offre un morceau de cervelle à l'homme le plus vénéré de l'assistance. Les invités tour à tour et toujours par ordre d'importance, puisent dans le crâne et chacun s'en retourne à la maison, sauf la jeunesse qui désire faire de bonnes farces aux jeunes époux, et qui ne s'en prive pas. »

Je remerciai Nima de ce récit, et je me levai en lui proposant d'aller prendre l'air un instant avant de nous coucher. Le ciel était plein d'étoiles;

pendant que nous causions un grand vent avait chassé l'orage. La steppe apparaissait discrètement blanche sous les rayons de la lune, et sur notre gauche on devinait les grandes montagnes bleues qui nous séparaient du Baïkal. Un profond silence régnait, interrompu de temps en temps par le hurlement des loups auxquels les chiens répondaient avec fureur.

« Ce qui fait notre supériorité sur les Russes, voyez-vous, c'est que nos femmes sont toutes sérieuses, me dit tout à coup Nima très convaincu.

— Pourtant j'ai entendu dire que souvent ici les jeunes filles sont mères avant d'être mariées.

— Oh! presque toutes, me répondit Nima, qui trouvait cela tout naturel. On épouse même très volontiers une fille qui a eu un enfant; la première qualité d'une femme est avant tout d'être féconde; avec elle on est sûr qu'on aura de la famille. L'enfant d'avant le mariage appelle sa mère : ma sœur et il passe pour être le fils des grands-parents. »

Je voulus interroger Nima sur Dara; j'avais remarqué avec quelle attention la jeune fille avait suivi le récit du conteur; elle était vraiment charmante, joli visage, yeux ingénus, gestes d'enfant. Nima garda le silence quelques instants, puis me dit lentement :

« Quand on n'est pas assez riche pour avoir ce qu'on désire on se fait lama! »

Puis nous rentrâmes silencieusement; une bête me frôla sans que je puisse distinguer ce qu'elle était. Nima restait songeur. Je n'osai plus rien dire. Un majestueux silence régnait sur la steppe endormie et les rayons de la lune tombaient juste devant nous sur la yourte de feutre où déjà reposait Dara.

Nous entrâmes doucement : toute la famille dormait; des tapis et des coussins avaient été placés pour moi à la place d'honneur, des peaux de moutons pour Nima. Je me couchai; les troupeaux firent entendre comme un long gémissement, puis le silence revint et avec lui le sommeil.

Je ne sais quelle heure il était quand je fus réveillé subitement. Le haut du toit avait été laissé entr'ouvert et la lune éclairait l'intérieur de la yourte. Sous la même couverture mes hôtes reposaient, le mari couché sur le côté et à moitié écrasé par sa robuste épouse. Il me sembla que dans le coin le plus sombre, en face de moi, quelque chose remuait. Mes yeux pleins de sommeil firent un dernier effort et je crus voir Dara couchée la tête appuyée sur son coude et auprès d'elle, tout près, Nima était assis et paraissait lui parler tout bas.

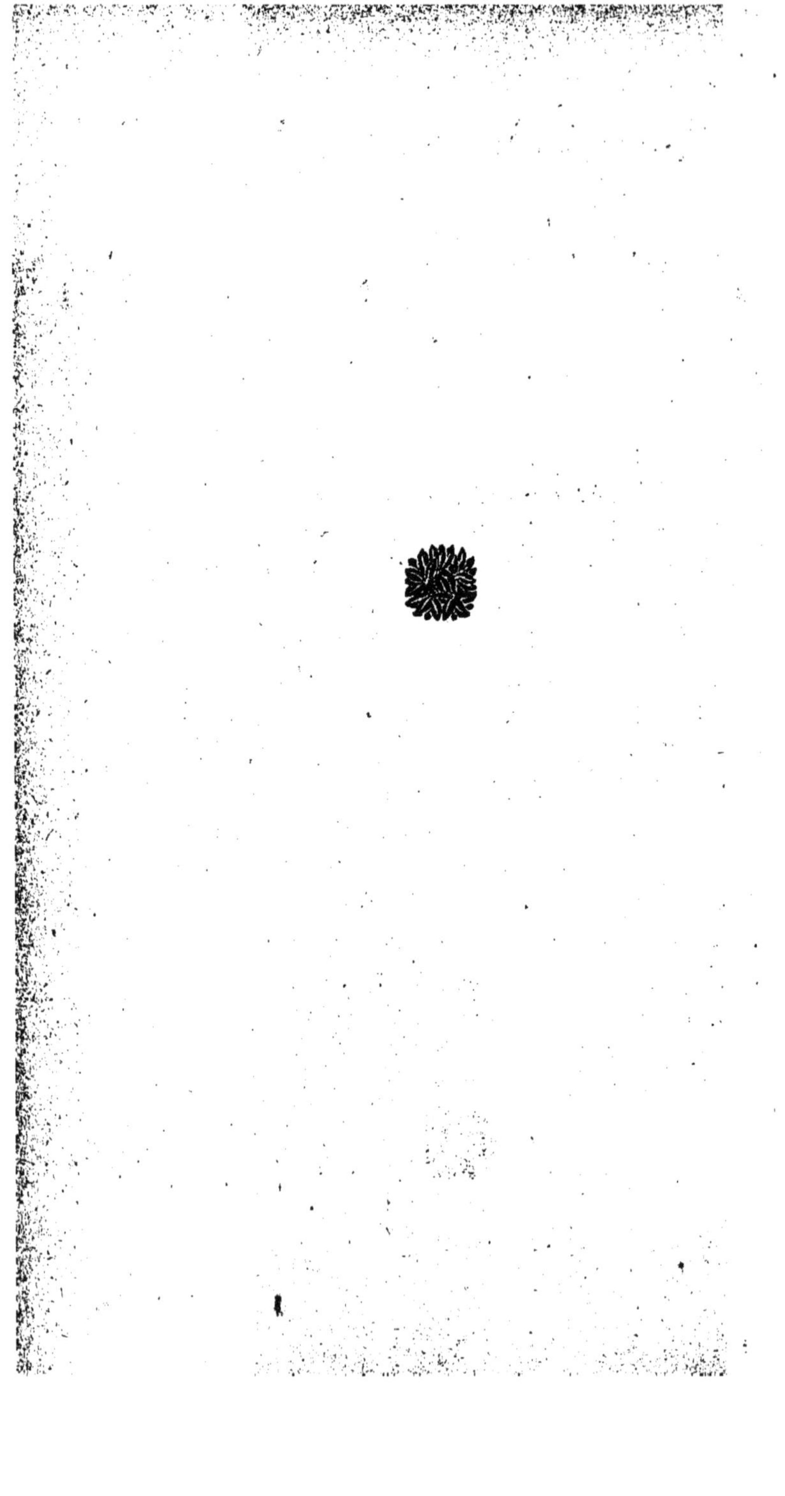

CHAPITRE VI

L'AVEUGLE SOUBOURGAIEV

La grande route des Marchands. — Un service dans le datsane. — L'échelle de la vertu. — L'aveugle Soubourgaiev. — L'enfance et la vie du lama.

NIMA revint me voir et me fit faire des excursions : il me montra les terrains houilliers voisins du monastère, des sources d'eau dont les propriétés curatives sont aujourd'hui reconnues; enfin c'est avec lui que j'allai voir la route appelée « Tract des marchands » qui passe près de la lamaserie et qui fut construite à travers la montagne par les marchands de thé désireux de gagner environ 150 kilomètres et d'épargner à leurs caravanes le grand détour de Verkhné-Oudinsk. Elle traverse les monts Khamar-Dabansk qui séparent le bassin de la Sélenga du Baïkal. Les sommets y atteignent 2000 mètres, on y trouve des roches cristallines, des granits, des gneiss, et même des roches volcaniques, des trachites et des basaltes. Mais pendant tout mon séjour l'étude du monastère et celle de la vie des lamas occupèrent presque tous mes instants.

J'aimais à errer dans les temples, à surprendre les moines faisant leurs dévotions, à écouter les élèves prier à haute voix, tandis que le maître tenait à la main le terrible bâton dont j'ai parlé plus haut, qui réveillait si bien les dormeurs ou fermait la bouche aux bavards.

Un jour, j'étais resté longtemps au premier étage devant de grandes étoffes de soie sur lesquelles étaient peintes des divinités; je contemplais Khombo tout bleu et si terrible, avec son collier et sa ceinture de têtes sanglantes et qui porte haut un étendard flottant largement au vent; Tchitchiba le miséricordieux, aux bras sans nombre, et Namsarai, tout jaune, assis sur un lion, tenant dans une main une lanterne et dans l'autre une souris, qui est le symbole de la richesse. Tout à coup un murmure de prières me surprit et, sans faire de bruit, je me dirigeai vers l'escalier. Des lamas s'étaient rassemblés dans le temple et parmi ces hommes vêtus de jaune et de rouge, qui s'inclinaient devant leur dieu, je reconnus Dylguiriov, Naïdengoumby, j'aperçus même le Khambo-Lama. L'un d'eux lisait aux assistants les douze faits principaux de la vie de Bouddha depuis son séjour à Douchite où il régnait sur les Tengris, esprits bienfaisants et vénérés. La lecture finie, Iroltouiev m'aperçut et vint me serrer la main avec sa cordialité coutumière.

« Il faut, me dit-il, rappeler aux croyants les faits principaux de la vie de Bouddha-Chakiamouni, et leur répéter ses divines prédications qu'il savait rendre plus ou moins profondes selon le degré d'intelligence des hommes auxquels il s'adressait. Nos lamas comprennent mieux alors qu'ils doivent se libérer du monde matériel, si plein de vices et de souffrances. Dans le chemin à suivre pour arriver à la perfection, il y a cinq degrés. Il faut s'assimiler les grandes vérités et anéantir en soi les trois grands vices : l'ignorance, le désir et la colère. L'ignorance, Bouddha nous l'a dit, est la source même du mal dans le monde. Mais tout cela ne suffit pas, et l'homme qui a la noble envie de gravir les cinq degrés du chemin de la vertu, doit s'efforcer de faire des prosélytes et d'entraîner ses semblables vers la vérité. »

Cela dit, le Khambo-Lama me salua et sortit suivi des autres moines.

« Mais c'est comme une échelle, dis-je à Dylguiriov, ce chemin de la vertu avec ses cinq degrés; » et j'ajoutai : « Mais si on dégringole?

— On se ramasse, me répondit simplement le lama.

— Est-il indiscret de vous demander, dis-je, à quel degré vous vous trouvez?

— Pas encore bien haut, mais je monte, je monte tout doucement, ajouta le brave homme. »

Le temple était devenu vide; le jour baissait et nous fûmes très surpris lorsqu'une voix grave s'éleva derrière nous et dit :

« On monte comme on peut ! »

Dylguiriov se retourna vivement et s'écria :

« Oh ! l'aveugle Soubourgaiev est là ! » Et tout bas, avec une voix pleine de respectueuse admiration, il ajouta en se tournant vers moi : « Il a été au Thibet ! »

J'avais déjà bien souvent entendu cette phrase, et toujours dite sur le même ton. Avoir été au Thibet, quelle gloire ! Que de choses le Dalaï-Lama si mystérieux a pu apprendre au lama qui a eu le bonheur de le contempler ! Les pauvres moines qui n'ont pas eu cette bonne fortune sont forcés d'apprendre à lire, sans en comprendre le sens, les prières en langue thibétaine, et c'est terriblement dur, m'ont-ils avoué souvent. Je le dis en riant à Soubourgaiev qui me répondit :

« Il ne faut pas en rire, la prière leur semble plus belle encore puisqu'ils ne la comprennent pas et Dieu l'accueille plus favorablement que toute autre, à cause du mal qu'ils se sont donné pour l'apprendre. » Puis il ajouta, après un court silence : « Le cœur pour prier n'a point besoin de comprendre, il suffit qu'il se tourne tout entier vers Dieu ! »

Dylguiriov était sorti et j'étais resté seul dans le temple, où la nuit tombait, avec le vieil aveugle dont un jeune disciple guidait les pas. Je m'assis auprès de lui. Soubourgaiev, grand vieillard très maigre, avait des cheveux d'argent, son dos était voûté, il parlait lentement — comme un homme qui toujours se souvient, m'avait dit un jour un lama — sa voix était chaude et bienveillante, mystérieuse aussi, car elle semblait venir de très loin. « Quand il cause avec vous, me disait le même lama, il semble que ce soit son âme qui vous parle. »

Soubourgaiev sembla réfléchir, puis il me dit de sa voix lointaine, mais très chaude et très douce à la fois :

« Je crois que vous êtes pour nous un ami. Je le sens et je pense que vous laisserez un pauvre vieux comme moi vous donner un conseil : soyez plus indulgent pour les hommes. Vous vous moquiez un peu de Dylguiriov tout à l'heure. Oh ! ne m'en veuillez pas, je vous le reproche à peine, car je sais que vous l'aimez et que vous ne vouliez pas lui faire de chagrin. »

Puis, après un nouveau silence, la voix s'éleva de nouveau comme si les pensées de l'aveugle s'achevaient en paroles sans qu'il le remarquât bien lui-même.

« Il faut être indulgent; les hommes valent mieux qu'on ne le dit et, dans le cœur le plus dur, on trouve parfois des intentions louables et beaucoup de mal est compensé par un tout petit peu de bien. Bouddha mesure la valeur de l'effort fait vers la vertu par le degré même d'intelligence qu'il a donné à chacun. Et peut-être bien que ses secrètes préférences sont pour les faibles, pour les pauvres d'esprit, pour les infirmes; tous ceux-là savent mettre dans leurs prières tant de candeur : ils ont gardé presque toujours la naïveté et presque les gestes des petits enfants ! »

Soubourgaiev se recueillit un instant, puis tout à coup un gai sourire remplit de jeunesse son visage.

« Vous ne me demandez pas à moi, me dit-il, à quel degré je suis sur ce que vous appelez l'échelle de la vertu? »

Je répondis, plaisantant à mon tour :

« Vous êtes trop haut.

— Non, je ne suis pas très haut, j'ai commencé à monter quand j'ai compris la vérité, je venai de perdre la vue; j'ai vu clair seulement quand je suis devenu aveugle! » Et, mélancoliquement, Soubourgaiev ajouta :

« Ah! les souvenirs de ma chère enfance! L'émoi ressenti en entrant pour la première fois comme disciple d'un lama dans ces temples où tout parlait à mon imagination d'enfant! Quand les étendards s'agitaient, il me semblait voir passer des esprits bienfaisants et mon cœur chantait avec les biscours. Je sentais que Dieu aime les tout petits et qu'il m'accueillait en me tendant les bras; j'avais pourtant un peu peur devant les images de Djemtchok ou de Iamandava et je passais vite. Je devins trop tôt un homme et je perdis la fraîcheur de mes sensations premières. Je partis enfin pour le Thibet; j'allais auprès du Dieu vivant prier, méditer, étudier dans les temples sacrés de Lhassa. Avec quelle ardeur je me mis au travail! Je voulais tout connaître, mais mon zèle était égoïste, je n'apprenais que pour moi; je négligeais mes devoirs envers mon prochain; j'oubliais que la science n'est belle que si celui qui la possède en fait profiter les autres. Le savant à qui Dieu a révélé la vérité et qui la cache à ses semblables trahit la confiance divine et sent peu à peu son cœur se dessécher. Je revins découragé au pays natal, je vieillis, puis je perdis la vue. Ce fut pour moi un désespoir effrayant, mais je me vainquis moi-même, résigné à la volonté de Dieu qui sait toujours ce qu'il veut. Et j'entrai un soir dans le temple. Non, ma jeunesse n'était pas morte, puisque je la retrouvais tout à coup, puisque mon cœur voyait enfin à défaut de mes yeux, puisque toutes les invocations de jadis me revenaient toutes vibrantes aux lèvres. Il ne voit plus, hélas! disaient les autres lamas;

ils se trompaient, je voyais plus loin qu'eux, j'entendais des voix d'enfants invisibles et tout un concert de prières inconnues dont tous les mots charmants me semblaient des caresses. Tout le temple était entré magnifique dans mon cœur; Dieu m'apparaissait dans ses éblouissantes incarnations. La chère Dara-Ekhé me souriait, Aiouchi m'enseignait le bonheur en m'offrant des lotus roses et bleus; Mandjouchiri, un glaive de feu à la main, me promettait la sagesse et Ariabalo qui, pour sauver les hommes du péché, se précipita du haut des rochers gigantesques, se montrait à moi avec ses onze têtes, bleues, rouges, blanches et vertes; il me tendait ses mille mains secourables; il me rafraîchissait avec les sourires que toutes ses bouches m'adressaient. »

Soubourgaiev s'arrêta en proie à une émotion infinie. « Et chaque jour maintenant je rencontre ces joies et ces concerts. Autour de moi c'est la nuit et les ténèbres, mais dans mon cœur, c'est le soleil et la foi! »

L'aveugle se leva alors difficilement. Debout, il avait l'air bien plus vieux encore : il était cassé, ses jambes le soutenaient à peine; des douleurs devaient le torturer épouvantablement. Je ne pus m'empêcher de pousser un cri mal étouffé. Soubourgaiev m'avait deviné :

« A mon âge, me dit-il, on ne dit plus au revoir,

mais adieu. Quand vous parlerez de nous dans vos écrits, soyez indulgent. Les Bouriates sont de braves gens, puisque vous en aurez aimé quelques-uns et que d'autres vous ont inspiré de la pitié. »

Le vieillard prit alors le bras du jeune disciple qui l'accompagnait et, à pas lents, sortit pour regagner sa voiture ; il n'était que de passage dans le monastère. Un vent léger agitait les oriflammes comme les esprits bienfaisants qui l'aimaient l'avaient fait en sa jeunesse, et je restais seul et, à la lueur vacillante des veilleuses, je voyais de temps à autre resplendir les dorures des autels : un Bouddha m'apparaissait serein, un Dokchite me montrait sa figure grimaçante et terrible. Tout à coup quelques sons de trompe firent entendre un appel plaintif, un gong résonna longuement et des lamas entrèrent lentement et s'inclinèrent pour prier.

CHAPITRE VII

PAR VOIES ET PAR CHEMINS

Une visite à la douma. — Les rods bouriates. — Un pristov. — Le monastère de Boultoumour. — Un Jugement dernier. — Oustkiakhta. — La milice cosaque.

Je m'étais habitué à la vie des lamas, et c'est avec regret que je quittai, pour me rendre à Kiakhta, le datsane du lac des Oies, où tant de braves gens m'avaient si bien reçu. Le jour de mon départ, le Khambo-Lama m'invita à venir assister à la fameuse fête du Tsame qui devait avoir lieu l'année suivante et me remit un papier précieux pour moi, une lettre de recommandation pour tous les monastères.

Le chemin n'était pas très bon aux environs du datsane, il devint vite très mauvais; il fallait traverser de grands marécages; dans les endroits les moins difficiles où une herbe longue poussait, des Bouriates faisaient les foins. Pour passer la nuit pendant la courte période que durait ce travail, les indigènes s'étaient fait des abris primitifs en croisant des branches en faisceaux et en les tapissant ensuite avec des bottes de foin. De terribles moustiques nous suivaient par milliers, il suffisait de porter la main à la joue pour en tuer une dizaine à la fois. Enfin la route devint meilleure, nous traversâmes à gué deux larges ruisseaux et un radeau assez original nous fit passer la Timnik. Nous apercevions déjà, entourée de quelques maisons de bois, la *douma,* mairie des indigènes de la région.

Les Bouriates de la province étaient divisés en vingt-deux *rods* ou tribus; chaque rod était composé de nombreuses familles de même origine, avait sa mairie et nommait des délégués qui choisissaient un maire ou *taïcha* et onze adjoints; un *pristov,* fonctionnaire subalterne russe chargé de la police, habitait à côté de la douma. Depuis mon voyage, cette administration a dû changer. Les Bouriates ont été répartis comme les paysans russes en *volostes* ou cantons. On leur a donné des juges pouvant connaître des affaires jusqu'à 200 roubles. Les juges bouriates doivent, comme ceux des autres indigènes de Sibérie, être sujets à caution; nommés pour un temps, ils ne pensent plus qu'à emplir leur poche, les pots-de-vin sont les bienvenus et la justice n'est plus rendue. Partout on regrette le temps où le jeune homme qui voulait devenir juge allait apprendre la coutume et l'usage chez un sage du pays; les gens désireux de faire trancher un différend s'adressaient de préférence au plus honnête, c'est l'intégrité qui faisait alors la fortune d'un juge et un proverbe disait : « Si tu prends pour juge un homme dont tu peux douter, tu te juges toi-même. »

Chilov, le pristov russe, me dit les louanges des Bouriates : c'était un peuple doux et poli, dont le nombre augmentait. Il m'avouait qu'il se faisait toujours soigner par les lamas et il ajoutait :

« Les paysans russes s'adressent bien souvent à eux. Je connais des villages où l'on avait en vain demandé au pope d'obtenir de la pluie, et comme ses prières restaient vaines, les paysans allèrent alors chez le lama voisin; celui-ci étant consulté en second, il y avait des chances pour que la période de sécheresse touchât à sa fin. La pluie tant désirée tomba et, très sincèrement, nos paysans sont persuadés aujourd'hui que le lama est un sorcier qui fait pleuvoir quand il veut.

— Et le lama demande-t-il une récompense honnête?

— Toujours, me répondit Chipov en riant : on n'a rien pour rien et la pluie coûte cher. »

Le taïcha me reçut à son tour; il me fit visiter le village très peu intéressant. Un petit lac se trouvait près de lui, au bord duquel des canards et des oies sauvages volaient en grand nombre. Il y avait aussi des hérons, mais moins qu'au lac des Oies où ils pullulaient. Sur la colline voisine était un gigantesque onbone.

Je comptais me rendre à Oustkiakhta en passant par le datsane de Djidé, mais le chemin n'était pas praticable ; je dus prendre une route plus longue et rejoindre le tract à Perevalovsk, ce qui me fit passer par le monastère bouriate de Boultoumour. Le chemin était mauvais, la voiture sautait constamment et les moustiques ne voulaient pas nous abandonner. La Sélenga était à côté de nous et nous devions la traverser. Le bac avait, en beaucoup plus grand, la forme de celui de la veille, mais la Timnik était une petite rivière tandis que la Sélenga s'étendait large comme un grand fleuve. A l'extrémité du bac était un poteau en forme de bobine, une corde y passait allant d'une rive à l'autre, retenant ainsi le radeau que le courant rapide aurait emporté et qui était muni d'un grand gouvernail. On y hissa le tarantas après avoir dételé les chevaux. Deux passeurs s'accrochèrent à la corde et le bac se mit en mouvement. Nous approchions enfin de la rive opposée, mais à cet endroit la descente n'était pas possible : le vieillard qui dirigeait l'équipage se mit au gouvernail, les passeurs prirent les rames, on dut remonter le courant. Le fleuve coulait entre une succession de montagnes coniques. Nous passâmes devant une île, puis vint un bras très large et profond. Les rameurs se jetèrent à l'eau et le halage commença très pénible. Nous débarquâmes enfin. Le village de Dzoki nous apparut bien pauvre, bien misérable, composé de baraques et de quelques yourtes où nous trouvâmes d'excellents chevaux.

Nous gravîmes bientôt la montagne; la haute forêt commençait; des incendies fréquents avaient détruit d'immenses richesses, de grands troncs carbonisés se dressaient devant nous; enfin nous arrivâmes à des paysages moins sinistres et tout à coup le petit monastère de Boultoumour nous apparut. Le chérétouï était absent, mais des lamas se trouvaient là; ils savaient que je devais m'arrêter chez eux. Le temple principal contenait des statues et des dessins intéressants, beaucoup d'Otchervani, de Dzonkhava, de Maïdari. Le dessin le plus remarquable était un Jugement dernier.

Au centre du tableau se trouvait le dieu des enfers Otchervani. Dans le haut était un jardin plein de jolies maisonnettes où l'on apercevait souriants et bien peignés les gens vertueux; les uns se promenaient dans les allées, les autres faisaient des bouts de causette sous les bosquets ; au-dessous du jardin planaient les retardataires qui se hâtaient joyeusement vers le ciel. Dans le bas du tableau se trouvaient les damnés et les infortunés ne s'amusaient pas. Des diables armés de fourches et d'instruments aussi terribles que bizarres, leur perçaient la poitrine. Des malheureux tournaient autour d'un pal, en faisant d'horribles grimaces, d'autres pendaient à de grands crochets qui ornaient les arbres sans feuilles des jardins. Ailleurs, de pauvres hommes étaient écartelés dans les mains de gigantesques démons. Ceux qui avaient péché par la langue étaient bien punis : de vilains monstres armés de fourchettes leur tiraient de la bouche une langue devenue interminable; quelquefois la langue était large, horriblement large et de petits démons la labouraient avec des charrues. Et dans le coin, supplice horrible, des infortunés cuisaient à la broche et d'autres se noyaient éternellement dans un bain d'eau noire. Les moins coupables souffraient en groupes; les plus punis restaient à l'écart, solitaires et, pour les tourmenter, il y avait toujours deux ou trois démons. Et au-dessus, dans les flammes, se trouvait, justicier terrible, Tchoïdjil qui portait au cou des têtes de morts et contemplait les suppliciés, tandis qu'à côté de lui un serpent et un cochon également enragés, se mordaient mutuellement la queue.

Les lamas me conduisirent ensuite dans une de leurs maisons. Ils m'invitèrent à la fête qui devait avoir lieu chez eux au mois d'avril suivant. Comme au lac des Oies, ils célébraient le fameux Tsame, mais ils ne possédaient qu'une trentaine de masques qu'ils me montrèrent. Quelques-uns revêtirent même les costumes ; avec les ornements qui couvraient leurs têtes, avec leurs boucles dorées, avec leurs colliers et leurs chapelets, ils ressemblaient à certaines statues hindoues de Chigomouni. La fraîcheur des costumes était douteuse, toutefois sous un grand coup de soleil, les couleurs éclatantes devaient faire encore bon effet. Hélas ! le soleil manquait ; je remerciai les lamas qui voulaient me garder à coucher, je gagnai, par des chemins défoncés, le village voisin où était établi un relais. Un formidable orage éclata, une pluie torrentielle tomba, et dans la station de poste où je ne trouvai que du pain et des punaises, je regrettai la bonne maison du lama où j'aurais dormi sous la garde du dieu Abéda devant lequel sept offrandes avaient été placées.

Dans toute cette partie de la Sibérie, les orages sont terribles ; souvent les chevaux des tarantas, parfois les voyageurs eux-mêmes sont atteints. Le nombre de bêtes que la foudre tue est très grand. Le malheur est qu'un seul orage rend parfois le voyage difficile ; certaines routes, trop poussiéreuses la veille, se changent en rivières et les rivières en torrents, des gués deviennent impraticables et d'autres, très peu profonds, ont, aussitôt après un orage, un mètre d'eau de plus que de coutume. Je me demandais donc ce que serait la route le lendemain. Lorsque je me réveillai, le soleil était resplendissant dans un ciel tout bleu, la route était un peu humide, et j'allais voyager facilement, débarrassé à la fois de la poussière et des moustiques.

Guérasime seul était désolé; nous allions arriver à Troitskozavsk et le chef de district qui résidait dans cette ville me donnerait un autre homme pour m'accompagner. « Je suis devenu gras chez les lamas », soupirait à tout moment Guérasime qui, passant la main sur son ventre, ajoutait : « Dire qu'il va falloir perdre tout cela ! »

Nous arrivâmes enfin à Oustkiakhta, gros village habité par des Cosaques. Les Cosaques sont surtout établis aux zones frontières, parfois ils sont mélangés aux paysans, ils habitent surtout dans les vallées de la Djida, du Tchikoï, de l'Onone, de l'Ingoda, de la Chilka et dans l'est de la province. La population cosaque serait plus importante encore si en 1854, 5 000 Cosaques n'avaient été appelés pour former la milice de la région du fleuve Amour. Aujourd'hui les Cosaques du Baïkal sont au nombre de 200 000, dont 180 000 seulement orthodoxes, les autres appartiennent aux sectes dissidentes et même à la religion bouddhique. Des Bouriates, voire même des Toungouses ont été enrôlés parmi les soldats cosaques. En temps de guerre, la milice transbaïkalienne doit fournir 3 régiments de cavalerie, 6 bataillons d'infanterie, 3 batteries de 6 pièces, en tout 234 officiers, 9319 soldats, 4060 chevaux. Des terres sont cédées à la milice. Elle possède dans la province plus de 3 millions d'hectares.

Dans le relais de poste deux Chinois étaient attablés jouant aux cartes avec des Cosaques. Les Chinois avaient vendu déjà leurs marchandises et cherchaient à gagner encore un peu d'argent. Ils jouaient beaucoup plus froidement que leurs adversaires rendus très gais par quelques verres d'eau-de-vie. Une discussion éclata bientôt qui se termina par des coups. Ce furent, bien entendu, les Chinois, qui eurent le dessous. Je dus intervenir ; le maître de poste qui avait vu mes papiers officiels, mit les Russes à la porte. Un des Chinois avait l'œil quelque peu poché, l'autre saignait du nez : « Tout de même, me dit ce dernier en s'épongeant le visage, c'est encore nous les plus malins. On a reçu les coups, mais on a gagné leur argent ! »

Le pays devint ensuite plus pittoresque ; la route primitive mais assez bien faite, s'accrochait à la montagne ; au bord de la rivière poussaient des trembles et des bouleaux ; les clochettes de l'attelage sonnaient et le cocher, à qui Guérasime avait dit que je donnais de bons pourboires, faisait joyeusement claquer son fouet. Une ville apparut bientôt gracieusement située. A quelques kilomètres de nous était la frontière mongole. Le cocher se tourna vers moi et faisant passer sa chique sous sa joue droite, me dit d'un air dégoûté : « Après cette ville-là, ça pue le Chinois ! »

CHAPITRE VIII

LA VILLE DU THÉ

Troitskozavsk. — Kiakhta, la ville russe. — La route du thé. — Maïmatchen, la ville chinoise. — Le Transmongolien. — Le théâtre chinois. — Un dîner chinois.

A la frontière russo-mongole, se trouve une triple ville : Troitskozavsk et Kiakhta qui sont habitées par des Russes et Maïmatchen où ne vivent que des Chinois. Troitskozavsk est une des plus coquettes villes de Sibérie; elle a des églises bien construites, de jolies maisons et un petit jardin public planté d'arbres verts. Un savant distingué y habite, M. Talko Hrynzewicz, qui me fit un charmant accueil. Il me conduisit au musée, où à côté d'une collection zoologique assez pauvre se trouve une remarquable collection archéologique et anthropologique due aux fouilles que ce savant a faites dans les tombeaux des environs; la valeur de celle-ci est incontestable. Les squelettes mongols abondent, on peut en ramasser dans les champs où ils sont jetés sans que les corps aient été ensevelis; par contre les crânes bouriates sont bien moins faciles à trouver et il n'est pas toujours sans danger de vouloir les chercher dans les tombeaux.

Kiakhta est à quelques minutes de Troitskozavsk. Elle est habitée par les marchands de thé. Une large rue au milieu de laquelle passe un tout petit ruisseau, presque toujours à sec, sert de frontière à la Russie et à la Mongolie et sépare la ville russe de la ville chinoise. Quand on a passé ce ruisseau, on a quitté l'empire du Tsar pour entrer dans l'empire du Milieu. C'est de Kiakhta que vient le thé que consomme la Sibérie et en grande partie celui qui est bu en Russie. Le peuple russe ne saurait s'en passer.

L'importance de la route du thé qui passe par la triple ville est fort ancienne. Les échanges sur la frontière étaient déjà considérables au commencement du XIXe siècle. En 1854, il y avait à Kiakhta 58 maisons de commerce; 37 appartenaient à des Sibériens qui avaient des succursales à Irkoutsk, à Tomsk et dans d'autres villes encore, 21 étaient gérées par des représentants de maisons de Moscou ou de Saint-Pétersbourg. Le commerce si actif perdit un peu de son importance à partir de 1870, époque où l'on commença à transporter le thé chinois par mer jusqu'à Odessa. L'ouverture du Transsibérien, la guerre des Boxers et la guerre russo-japonaise portèrent des coups sensibles au commerce de Kiakhta. Les échanges y varient entre 50

UNE RUE A MAÏMATCHEN.

L'ÉGLISE DE KIAKHTA.

et 60 millions de francs. Les marchandises importées en Sibérie ne sont pas seulement des produits chinois proprement dits, mais aussi des produits mongols : le beurre, le feutre de mouton, les peaux, les laines et les poils rapportent aux Mongols environ 300 000 francs.

Le thé se transporte en feuilles et en briques. Tout le monde n'est pas assez riche pour se payer en Russie du thé en feuilles, et bien des gens se contentent d'acheter des briques : ce sont des tablettes de couleur brune, longues de 30 centimètres environ, larges de 18 qui ont de 2 à 3 centimètres d'épaisseur. Pour les fabriquer, on soumet à très forte pression les feuilles de thé : la brique obtenue est très dure, et le paysan qui l'emploie en casse un tout petit morceau qu'il fait infuser selon la méthode ordinaire. Les colons émigrés et presque tous les paysans de Russie consomment le thé en brique ; c'est aussi celui qui est employé par les Mongols. Les salaires de ces derniers sont même payés en briques de thé, peut-être plus souvent qu'en argent. Celles-ci sont apportées en Sibérie à dos de chameau ou sur des voitures traînées par des bœufs. Le thé de première qualité, dit thé de caravane, arrive à Kiakhta enveloppé soigneusement comme une marchandise de grand prix.

Kiakhta a de larges rues et de belles maisons avec de grandes cours et de vastes dépendances.

On y trouve un musée curieux au point de vue archéologique et paléontologique. On dit souvent que les marchands qui y habitent sont les plus riches de Sibérie. Les vrais riches y sont pourtant à la vérité assez rares. On a vu des fortunes qu'on disait immenses sombrer en quelques semaines seulement; il avait suffi qu'une année se passât pendant laquelle le thé n'avait pas suivi sa route habituelle, pour que coup sur coup des banqueroutes bien inattendues se produisissent. La vérité était que les marchands gagnaient beaucoup d'argent, mais qu'ils le dépensaient aussitôt; leurs maisons n'étaient qu'en façade; les banques sibériennes elles-mêmes s'y étaient trompées.

Les marchands de thé de Kiakhta sont largement hospitaliers; ils mènent joyeusement la vie et l'on m'affirmait à Troitskozavsk qu'on ne pourrait pas trouver à Kiakhta une seule famille comptant moins d'un ivrogne.

La ville chinoise de Maïmatchen est très différente de la ville russe. On n'y voit pas de larges voies et de places immenses. Les rues y sont très étroites; une voiture peut à peine y passer, elles sont sales et de petits chiens chinois, au nez aplati comme celui de leurs maîtres, accueillent en ennemis les Européens qui s'y hasardent seuls. On voit peu travailler à Kiakhta; les rues sont calmes et silencieuses. Dans la ville chinoise, au contraire, les gens vont, viennent, grouillent très affairés. On n'y rencontre pas de femmes, les Chinois qui l'habitent s'étant soumis à l'ancienne ordonnance qui leur défend d'emmener sur les frontières leurs femmes avec eux. Ils sont mariés pourtant et vont tour à tour passer quelques mois en famille, tous les deux ou trois ans. Ce sont les plus jeunes Chinois âgés de quatorze à quinze ans qui sont les ménagères de la maison; ils préparent le thé, font la cuisine et servent les plus âgés avec docilité. Tel grand marchand de Maïmatchen a débuté comme verseur de thé dans les magasins qu'il gère aujourd'hui pour le compte d'une importante maison de Changhaï ou de Pékin. Les Chinois ne veulent pas être enterrés près de la frontière et à certaines époques les morts sont ramenés au pays natal; des caravanes de cercueils traversent alors la Mongolie.

Si les rues sont sales, l'intérieur des maisons est parfois d'une scrupuleuse propreté. Au fond de chaque cour se dressent des étagères où sont posés des pots de fleurs : roses, lauriers, géraniums, reines-marguerites et bégonias. Les chambres principales donnent toutes sur la cour; elles sont spacieuses, tout y est en ordre, et l'on y voit des bibelots élégants et parfois des objets de prix. Chez un de ces Chinois j'admirai une collection de pendules Empire, achetées, me disait-on, à des Sibériens, surtout à des Cosaques et qui avaient été rapportées de France par les envahisseurs de 1815; les Russes, comme plus tard les Prussiens, avaient montré beaucoup de goût pour nos pendules.

Au milieu de la ville je visitai le temple, non sans difficulté, car plusieurs fois on m'en refusa l'entrée; l'intérieur était orné d'étendards et de soieries; on y voyait trôner des dieux énormes autant que laids; il n'y avait rien d'artistique dans tous ces monstres vénérés.

Au théâtre chinois une foule joyeuse se pressait; les acteurs malheureusement refusèrent de poser devant mon appareil. Je leur offris pour les décider un peu d'argent, ils ne l'acceptèrent pas. C'étaient pourtant de très pauvres gens, les uns enfants encore, et quelques autres très vieux. Le théâtre est gratuit; la ville promet aux acteurs 150 roubles par an. Encore est-il rare qu'ils les reçoivent.

Sur la scène les musiciens formaient un orchestre assez désagréable à entendre; les cris suraigus des acteurs étaient plus insupportables encore. Un instrument faisait le bruit de la crécelle, l'autre imitait le sifflet des locomotives, un troisième reproduisait le cri de la sirène des bateaux. Les acteurs poussaient des hurlements qui n'avaient rien d'humain, leurs voix luttaient d'intensité avec les instruments exaspérés. Tous les défauts communs à tous les théâtres de la Chine étaient encore exagérés sur la pauvre scène de Maïmatchen. Plus les gestes des acteurs me semblaient contraires à la nature, plus ils étaient applaudis par le public enthousiasmé, qui faisait entendre alors des grognements d'admiration. Des domestiques passaient dans les rangs des spectateurs portant sur les bras des tas de petites serviettes mouillées; ceux-ci s'essuyaient les yeux, donnaient un petit pourboire et s'abandonnaient de nouveau à leur émotion.

Je vis dans ce théâtre des pièces à clef auxquelles je ne compris rien, elles mettaient en scène des missionnaires russes, anglais et français à qui il arrivait des aventures bien désagréables et qui excitaient les rires satisfaits des spectateurs. Deux pièces me semblèrent assez amusantes : un drame et une comédie.

Un mari, à la barbe épaisse et terrible, chassait à grands cris sa femme éplorée; celle-ci le suppliait en criant aussi fort que lui; il tirait son sabre, la menaçait et l'orchestre faisait entendre des sons tragiquement épouvantables. L'homme faisait alors des moulinets effrayants avec son sabre au-dessus de la tête de sa moitié qui, au lieu de se calmer, poussait des cris plus aigus encore; elle arrivait presque à couvrir la voix puissante de son mari. Celui-ci comprit enfin qu'il ne pourrait jamais la faire taire et qu'un dénouement tragique s'imposait. Il prit donc une résolution aussi héroïque qu'imprévue; saisissant d'une main son épaisse chevelure, de l'autre il se coupa la gorge. Son corps vint rouler en se tordant aux pieds de la femme, qui se calma aussitôt comme par enchantement. Est-ce ainsi qu'on se débarrasse en Chine d'une femme insupportable? Peut-être... Le remède est certes pire que le mal!

L'autre pièce ressemblait presque à une œuvre de notre répertoire et prouvait que les Chinoises ont du goût pour les beaux garçons. Un grand dadais se promenait paresseusement; de sa maison une jeune fille le contemplait et lui envoyait porter un billet par sa soubrette. Le jeune homme faisait la petite bouche; il était excédé des conquêtes : les femmes venaient à lui plus nombreuses qu'il ne voulait. Tout en parlant, il trouvait la soubrette gentille et le lui faisait comprendre. Il irait voir la jeune fille, mais il fallait d'abord que la camériste fît avec lui un petit tour derrière les coulisses. Celle-ci se faisait un peu prier, oh! très peu, et partait en minaudant. L'orchestre jouait alors un air doux coupé de petits cris suraigus. Puis les jeunes gens reparaissaient et leur mimique excitait des rires joyeux. Une scène amoureuse avait lieu ensuite entre l'heureux coquin et la jeune fille, pendant laquelle la soubrette sortait; mais tout à coup la mère entrait; un balai à la main elle s'avançait menaçante : « Ah! misérable, tu viens voir ma fille! — et le balai tournait terrible entre ses mains, — tu vas être puni, tu... » Et le bâton restait suspendu, car la maman qui avait encore le cœur tendre, trouvait le jeune homme à son goût et se serait fait scrupule d'endommager un aussi beau garçon.

Quelques Chinois dont je fis connaissance me parlaient du grand projet qu'avaient les Russes, la construction d'une voie magistrale, le Transmongolien qui aurait traversé la Mongolie et réuni Irkoutsk avec Pékin. On affirmait pourtant dans les milieux officiels que rien n'était décidé, mais, à vrai dire, les choses semblaient, avant la guerre russo-japonaise, plus avancées qu'on ne voulait bien l'avouer. Des études avaient été faites et c'eût été un coup de maître pour la Russie si elle avait pu créer alors une pareille ligne. Kiakhta en aurait été une des stations principales et Ourga, la ville où habite l'homme-dieu vénéré des Bouriates, aurait été traversée par la ligne projetée. L'avenir nous dira quand il sera possible à la Russie de reprendre ce grand projet et d'ouvrir au commerce mondial une nouvelle voie civilisatrice.

Un aimable commerçant russe, nommé Bardachov, m'invita à dîner chez un Chinois. Dans les contrats d'échange passés entre les marchands de Kiakhta et de Maïmatchen, il est toujours spécifié que les habitants de cette dernière ville offriront aux Russes quelques bons dîners. Les Russes fournissent le champagne qui toujours arrose copieusement le beurre de sabot de cheval, les ailerons de requin, les œufs vieux de plusieurs mois et les vers de mer confits. Notre déjeuner eut lieu chez le collectionneur de pendules. Nous étions accompagnés, Bardachov et moi, par le commissaire. Le repas fut très copieux. Tout d'abord on nous fit boire de l'eau-de-vie chaude, qui ressemblait au saké japonais; les tasses étaient très petites, de vraies tasses de poupée, mais l'eau-de-vie, le *mygylo*, était très forte et semblait plaire aux Russes. On nous servit ensuite vingt-six mets : queues de crevettes, saucisson et langue préparés à la chinoise, viande en petites languettes, menues comme des fils, avec un peu de verdure très parfumée, choux de terre et de mer. Je crus le dîner terminé; ce n'était que le premier service. Le second comprenait les soupes : soupe à la viande, soupe aux vers de mer, soupe aux champignons, auxquelles succédèrent des mets venus de Corée flottant dans quatre grandes coupes.

Puis nous passâmes aux champignons : champignons des champs, champignons des forêts, champignons marins, champignons aux vers de mer. On nous apporta ensuite des côtelettes hachées à la russe, sans pâte et avec pâte, des penmènes sibériens et un cochon de lait désossé, à la peau croustillante, étalé comme un tapis sur un plat. Les noix marinées, le macaroni transparent, le chou de mer, les œufs me dégoûtèrent, mais je dois avouer que les vers de mer étaient très bons, les petits oiseaux aux nénuphars excellents, et le petit cochon incomparable. Le riz fut servi ensuite, mais, ce qui me surprit, il n'était pas très bon. Enfin on servit un grand plat où, dans de très petits vases, était placé un peu de chacun des mets que nous avions mangés. On pouvait revenir à ce qui avait plu, ou, comme me l'expliquait un Chinois, faire des mélanges savants et agréables au goût.

Le champagne avait coulé à flots pendant tout le repas. Chose curieuse, le maître de la maison ne s'était pas assis auprès de nous et il avait en souriant surveillé les serveurs. Parmi eux se trouvaient quelques beaux types chinois; car il y a des Chinois très beaux, tandis que les Japonais sont d'ordinaire plus ou moins rabougris. Notre hôte avait, pour la circonstance, mis une superbe robe bleu de ciel et à ses doigts brillaient de belles pierres, émeraudes et saphirs. Il nous reconduisit avec force révérences jusqu'à la porte.

« Il est toujours facile de s'entendre avec les Russes, me dit-il quand je le quittai : un peu d'eau-de-vie, et ce sont de bons enfants. »

CHAPITRE IX

DANS LA VALLÉE DU TCHIKOI

Oustkirane. — Le monastère de Tsougolsk. — Bitchoura. — Paysans et colons. — Les Séméiski. — Petrovski Zavod.

Je quittai Kiakhta par un temps désagréable : pluie fine et ininterrompue, vent glacé; les routes étaient couvertes d'une boue épaisse, les chevaux la faisaient gicler et elle retombait dégoûtante sur moi dans le tarantas. Un cadavre de chameau abandonné à terre effraya nos bêtes qui s'emballèrent et ce ne fut qu'après une longue course, que le cocher put les arrêter. Nous arrivâmes très tard dans le village de Oustkirane qui est assez pittoresquement situé et où se trouvent les maisons de campagne des gros marchands de Kiakhta. C'est là que je fis connaissance avec la famille Louchnikov, très hospitalière et très aimable, et dont tant de voyageurs en Sibérie ont apprécié le cordial accueil.

Le but que je me proposais était d'aller passer quelque temps à Bitchoura chez les fameux colons dont j'ai déjà parlé, les Séméiski, qui sont de religion dissidente. De Oustkirane à Bitchoura, la route est longtemps difficile. J'avais pour domestique un Cosaque bouriate, Garma, qui se cramponnait désespérément pour ne pas tomber de son siège. Il fallut passer les deux bras d'une belle et large rivière, le Tchikoï, qui est, avec le Khilok, le grand affluent de la Sélenga très poissonneux et navigable sur un parcours d'environ 275 kilomètres. Ce double passage dura une heure et demie. Le bac était entraîné par le courant, il accostait chaque fois en des endroits où le débarquement était impossible; le halage commença et lentement on nous fit remonter la rivière. Des paysans étaient avec nous; leurs chevaux, après s'être fait prier longtemps, consentirent à sauter à l'eau et marchant contre le courant, traînèrent péniblement le bac surchargé de voitures et de voyageurs.

La route devint ensuite sablonneuse; le sable était fin et si profond, que les roues s'y enfonçaient jusqu'au moyeu. Garma se penchait plusieurs fois, inquiet : une de nos roues de derrière, sous le frottement du sable sans doute, avait pris feu. Nous manquions d'eau et Garma sauta de son siège pour l'éteindre comme aurait pu le faire le Mannekenpis de Bruxelles. Le cocher, à son tour, l'imita.

Nous aperçûmes bientôt le monastère de Tsougolsk où nous trouvâmes de la graisse pour nos roues. Le temple était le plus vieux du pays bouriate, il avait plus de cent cinquante ans. Tout près se trouvait une maisonnette où, par un système de ficelles, primitif et ingénieux, un grand nombre de moulins à prières étaient mis en mouvement. Ceux pour qui la prière était dite ne ressentaient aucune fatigue, mais le jeune homme qui tirait sur la ficelle devait être absolument éreinté.

Parmi les statuettes et les tableaux, il y en avait un assez grand nombre dans des poses toutes plus inconvenantes les unes que les autres. Une peinture représentait Tchalchi, tout bleu, et d'aspect effrayant. Douze têtes de morts formaient couronne au-dessus de sa tête, la plante de ses pieds était rouge, avec des poils bleu foncé et des ongles jaunes, immenses. De chaque côté de ce tableau peint sur soie, deux petits panneaux se faisaient pendant formant triptyque avec lui et montraient les quatre compagnons habituels de Tchalchi, d'aspect bizarre et terrible à la fois; à gauche, l'un était bleu et grimaçant, l'autre jaune avec de longues mamelles semblables à des vessies dégonflées; à droite, le premier était noir comme un charbonnier et le second tout rouge portait une broussaille impénétrable de cheveux jaunes.

J'assistai à la cérémonie du Toué. Des lamas étaient entrés solennellement dans le temple; devant une statuette qui représentait Bouddha Abéda, on avait placé le *tolé*, miroir de métal dans lequel les Bourkhanes aiment à se regarder. Le tolé avait été mis de façon à satisfaire le désir divin et, à côté de la statuette, on avait placé une assiette. Un lama, le boumba à la main, versait de temps en temps de l'eau sur le tolé, pendant que ses confrères adressaient au ciel leurs prières, puis il essuyait le miroir avec un khadak de soie bleue. L'eau qui sert à ce pieux usage est conservée comme eau bénite.

Près de la lamaserie se trouvait une grande pierre tombale avec des inscriptions que je photographiai ; aucun lama ne put ou ne voulut m'expliquer en l'honneur de qui elle avait été dressée là. Le lama Serindjapov me dit cependant :

« Avez-vous formé un souhait pendant nos prières? Bouddha se montre accueillant pour tous pendant la cérémonie du Toué.

— Que ne m'avez-vous dit cela tout à l'heure, vous me prévenez trop tard !

— Cela ne fait rien, reprit le brave homme, vous ferez bon voyage, je le lui ai demandé. »

Je remerciai Serindjapov et je me réjouis à l'avance à la pensée que, grâce à Bouddha, la route allait sans doute devenir meilleure ; ce n'était pas trop demander.

De Tsougolsk à Edin, le chemin fut pourtant tout à fait mauvais ; Bouddha n'avait pas exaucé les prières, et mon cocher me dit : « Vous partez

LE CHAPEAU « CHASSÈRE » PORTÉ PAR UN JEUNE LAMA
AU MONASTÈRE D'ARAKIRÈTE.

tout de suite après la cérémonie, sans laisser à Bouddha le temps d'enlever les sables de la route. C'est un travail qui ne se fait pas en un jour! »

Depuis Edin et jusqu'à Ielanski, le voyage devint moins désagréable. Après une montée pénible dans des collines de sable, nous atteignîmes un immense plateau couvert de céréales, sarrasin, blé, orge, qui appartenait à des Cosaques. Aux champs cosaques succédèrent des champs bouriates et nous arrivâmes à la lamaserie d'Arakirète, petite et peu intéressante; j'y photographiai pourtant un jeune lama coiffé d'un invraisemblable chapeau, le *chassère*, de couleur jaune et de forme étrange, semblable à un casque dont la partie supérieure aurait, à elle seule, 50 centimètres de hauteur.

Il y avait là aussi un *dzardjouk*, sorte d'autel avec des bâtons plantés en terre sur un monticule et orné d'étendards, onbone plus moderne que ceux que j'avais vus déjà.

Nous arrivions sur les terres des Séméiski : des champs bien cultivés se succédaient; de grands gaillards y travaillaient avec des femmes qui portaient sur la tête des foulards en forme de large turban. J'atteignis enfin Bitchoura, important village dont la rue principale s'étend sur plusieurs kilomètres. J'y descendis chez un ami du Dr Talko Hrynzewicz, qui avait nom Mikhaïl Klymitch Petrov.

Le village de Bitchoura est situé au milieu de terres noires excellentes, comme on en trouve tant en Transbaïkalie, où les champs de céréales sont coupés de pâturages et d'herbages. La Transbaïkalie où l'agriculture s'en tient à la méthode des jachères et même des friches, possède plus de 300 000 hectares de terres ensemencées. On évalue la quantité de terres labourables, propres à l'agriculture dont la population a la jouissance, à un million et demi d'hectares. Chaque année, la récolte des céréales varie entre 2 et 4 millions d'hectolitres dont une moitié de seigle de printemps et l'autre de froment, avoine, orge, sarrasin et pommes de terre. Le rendement moyen d'un hectare de terre est, pour le froment et le seigle, de 1000 kilogrammes, d'après M. Semenov, le savant vice-président de la Société Impériale de Géographie. Quand la récolte est bonne, il n'est pas rare que les paysans obtiennent 2 000 et même 2 500 kilogrammes par hectare. Les conditions de l'agriculture dans cette région sont donc plus favorables encore que dans les provinces les plus fertiles de la Russie d'Europe. Les céréales récoltées en Transbaïkalie n'assurent pas seulement la subsistance des paysans et des habitants des villes, mais elles sont exportées dans les provinces voisines. Naguère le surplus de la récolte a nourri bien souvent les troupes et la population sédentaire de tout le bassin de l'Amour.

Depuis que les provinces de l'Amour et la province maritime ont été transformées, grâce aux efforts des paysans, cet excédent des céréales a pu être envoyé dans les mines d'or du gouvernement d'Irkoutsk; on a malheureusement employé trop de grain pour fabriquer de la vodka. Les années de bonnes récoltes, le prix des céréales tombe très bas : un poud (16 kilogr.) de seigle de printemps est vendu alors de 20 à 25 kopeks (de 55 à 70 centimes).

Parmi les colons, les plus originaux sont, nous l'avons dit, les Séméiski. Leur nom vient du mot *semeistvo* qui signifie famille. Les uns disent qu'ils ont reçu ce nom parce qu'ils se mariaient toujours entre eux; les autres, avec plus de raison, affirment qu'il vient du fait qu'on les exilait toujours par famille et non individuellement. C'est dans la seconde moitié du XVIIIe siècle qu'ils furent exilés comme participant aux sectes dissidentes. Ils ont, d'après bien des auteurs, conservé le type grand-russien le plus pur qui puisse être observé. Pourtant certains d'entre eux prétendent qu'ils sont venus de la Petite Russie. Ils établirent leurs villages dans les districts de Sélenguinsk et de Nertchinsk.

Mon hôte Petrov m'affirmait que les Séméiski étaient venus, pour la plupart, des provinces de Tchernigov et de Poltava; son grand-père, ajoutait-il, était originaire de ce dernier gouvernement.

« Ce fut très dur pour nos vieux, me disait Petrov,

de s'établir dans la vallée du Tchikoi; les Bouriates y vivaient alors en maîtres et accueillaient très mal les nouveaux venus. Mon grand-père bâtit sa maison sur l'emplacement même où s'élève aujourd'hui la mienne; le travail fut long et difficile. Les Bouriates, comme les loups, apparaissaient la nuit et venaient démolir ce qui avait été fait dans le jour. Mais mon grand-père était un homme courageux; il partit un jour seul et s'en alla à pied jusqu'à Irkoutsk à travers un pays où il n'y avait pas de routes et qu'arrosaient des ruisseaux débordés qu'il fallait franchir à la nage. Il parvint à Irkoutsk et présenta au nom de tous les siens une supplique au gouverneur. L'administration ordonna une enquête et les Séméiski purent vivre tranquilles et travailler. »

L'opiniâtreté des Séméiski fut en effet admirable et ils furent ainsi vainqueurs de tous les obstacles. Leurs champs couverts de moissons, leurs maisons confortables font depuis un siècle l'admiration de tous les voyageurs. Tandis que les Cosaques paresseux cultivaient mal des terres fertiles, les Séméiski ont su transformer des espaces incultes. Ils ont tenu à rendre agréables leurs demeures, ils ont des chambres vastes et aérées; aux murs sont accrochées de vieilles images et souvent d'admirables icones. Au-dessus de presque toutes les portes des maisons, on voit une ornementation de bois sculpté parfois artistique, et témoignant toujours d'un sens ingénieux de la décoration. Les mœurs de ces paysans ont été souvent citées en exemple aux émigrants qui, depuis trente ans, sont venus si nombreux d'Europe en Asie : dès le jeune âge, ils savent lire et écrire, ils ont conservé jalousement leurs antiques coutumes et, aujourd'hui encore, on pourrait faire chez eux ample moisson de vieilles chansons et de légendes savoureuses. Ce n'est que récemment que quelques-uns ont commencé à boire de l'alcool et à fumer.

Ils ont une maison pour les prières, que l'on dit en commun : les plus vieux lisent les livres saints aux plus jeunes à qui ils expliquent les textes sacrés. Ils savent par cœur le Saint Testament et, à tous moments, ils se plaisent à en tirer de longues citations. Ils vivent sans prêtres, mais, tous les trois ans, ils font venir d'Yaroslav, un pope de leur secte qui bénit, baptise, marie et absout pour le passé, le présent et l'avenir. Dans l'intervalle, ce sont les vieux qui célèbrent les mariages. « Nous n'aimons pas les célibataires, me disait Petrov : le mariage, c'est la raison et toute la beauté de la vie. » A quatorze ans, les filles peuvent se marier; à quinze les garçons.

Que de bonnes causeries j'ai entendues chez les Séméiski; c'était simple et vrai, et je sentais combien cette race sage était saine dans sa naïveté.

Ces paysans ignoraient la vie moderne ; ils ne lisaient que les livres saints et des traités d'agriculture. Le pristov, qui me reçut plusieurs fois très aimablement, se montrait plus sévère que moi. Un soir que nous prenions le thé ensemble servis par un domestique de race tchouvache, venu des bords de la Volga, il m'affirma que les Séméiski étaient très superstitieux. Jadis le Dr Kirillov avait établi à Bitchoura une station météorologique ; c'était en été, il ne plut pas, et les moissons furent brûlées. On s'en prit aussitôt au docteur : on vit en lui un sorcier ; c'est lui qui arrêtait les nuages et qui poussé par le diable avait construit cette maison bizarre et d'aspect étrange qu'il appelait son observatoire... Tant et si bien que le pauvre Kirillov que j'avais naguère connu à Vladivostok et qui, toute sa vie, n'avait pensé qu'à faire le bien, fut chassé du village et dut partir sans demander son reste.

Après Bitchoura le pays est très accidenté jusqu'à Moukhorchibir : on gravit une grande montagne, puis viennent des champs immenses de blé, d'avoine et même de chanvre que cultivent des Séméiski. Je traversai ensuite les contreforts des monts Stanovoï au milieu des sapins et des mélèzes et j'arrivai au village où se trouve la grande usine de Petrovski Zavod.

L'usine possède un domaine forestier de 90 000 hectares. On y travaille depuis plus d'un siècle et on en a extrait 128 millions de kilogrammes de fer. La réserve contenue dans les gisements est évaluée à plus de 32 millions. De 1886 à 1891, en six ans, on y a fondu annuellement 620 000 kilogrammes de fer cru et fabriqué 360 000 kilogrammes de fer et d'articles de fer, avec un personnel de 300 ouvriers. En 1896, la valeur des produits de cette usine était estimée à un million de francs. Elle produit aujourd'hui de 6000 à 7000 kilogrammes de fonte et environ 300 000 de fer fondu et puddlé.

A Petrovski Zavod, je trouvai le Transsibérien qui, après avoir franchi les monts Stanovoï, entre dans le bassin du fleuve Amour; il me mena jusqu'à Tchita. A la nuit tombante au moment où j'allais quitter mon wagon, j'y vis entrer le Khambo-Lama, suivi de plusieurs moines. Iroltouiev se montra très heureux de me revoir; pourtant son attitude me surprit, il me parut triste et malade. Je n'osai pas l'interroger ce soir-là et ce n'est que le lendemain que je connus la raison de son chagrin et que je fus mêlé à une aventure inattendue qui me consacra grand ami des Bouriates.

CHAPITRE X

MON SÉJOUR A TCHITA

Un musée sous scellés. — La ville de Tchita. — Conversations avec le Khambo-Lama. — La hiérarchie dans les monastères. — L'instruction des jeunes Bouriates.

Le lendemain de mon arrivée à Tchita, je fus témoin de l'hostilité que le clergé russe témoigne à la religion des indigènes. On avait construit quelques années auparavant, à l'occasion de l'Exposition extrême-orientale, qui eut lieu dans la capitale de la Transbaïkalie, un très joli petit temple bouddhique. Il avait été entendu qu'aucun service ne serait fait dans ce temple qui resterait une sorte de musée de la religion des lamas. Ceux-ci s'étaient piqués d'honneur et avaient envoyé des objets anciens. Le Khambo-Lama avait été un des donateurs importants. La création de ce musée de religion mongole avait déplu à l'évêque de Tchita qui n'osa rien dire tout d'abord; mais lorsqu'un nouveau gouverneur fut nommé, il lui exposa que le musée n'était plus un musée, que les indigènes venaient y dire des prières, qu'ils y apportaient des offrandes et que le nombre des églises mongoles étant fixé par la loi, le musée de Tchita n'était plus qu'une sorte de temple clandestin. C'était loin d'être exact. Le gouverneur se laissa trop facilement convaincre et, désireux probablement de débuter par un acte d'autorité, il mit le musée sous scellés. Le Khambo-Lama arrivant sur ces entrefaites, ne put y entrer; on lui annonça que le musée était à jamais fermé et que les collections rassemblées grâce à lui seraient vendues et disséminées. Il en fut navré.

Pour ma part, je regrettais vivement cette fermeture, car je me proposais de photographier bien des choses au musée; je me mis donc en tête de le faire rouvrir. J'avais des recommandations de plusieurs ministres, et je portais en outre une lettre particulièrement aimable de M. Semenov, l'éminent président de la Société impériale de Géographie, dont l'influence est très grande et qui s'est fait le protecteur des musées sibériens. J'écrivis donc au gouverneur qui me reçut et me parut enchanté d'avoir une occasion de revenir sur une décision par lui trop hâtivement prise. Il me conduisit au musée, brisa de sa propre main les scellés, me laissant maître de tout voir, de tout déplacer, de tout photographier. J'eus même quelque temps en poche les clefs du monument et le bruit se répandit dans la ville qu'un Français venait d'en être nommé conservateur! Le musée ne fut plus refermé après mon départ et les résultats de l'aventure furent merveilleux pour moi. La mesure sévère prise par le gouverneur avait été vite connue dans la province, et les Mongols apprirent qu'un homme était venu, assez puissant pour forcer le gouverneur à rouvrir le musée; on me donnait là un rôle un peu extraordinaire, mais j'en pus profiter largement et les lamas que je vis dans la suite m'accueillirent en ami dont ils connaissaient le dévouement.

Tchita est une ville ennuyeuse et triste, agréablement adossée pourtant à la montagne. Elle comprend environ 1 500 maisons, la plupart en bois, 10 églises et 1 couvent. On y compte 13 écoles dont 1 gymnase de garçons et 1 gymnase de filles. C'est à Tchita que se trouvent les grandes administrations de la province, l'état-major, la direction de l'intendance, etc. En 1899 on y organisa la première exposition d'économie agricole et industrielle. Cette exposition donnait une idée assez complète de la vie économique de la province. Elle comprenait une salle de vente d'instruments perfectionnés que les colons pouvaient voir fonctionner, un potager, une pépinière et un rucher modèles.

La ville possède un musée d'histoire naturelle; certes, les salles en sont insuffisantes, mais les collections qu'elles contiennent sont riches et curieuses. Elles ont été rassemblées par le conservateur, M. Kouznetsov, condamné politique auquel tous les voyageurs français gardent un très affectueux souvenir.

Le Khambo-Lama de retour à Tchita me remercia très chaleureusement de mon intervention; grâce à moi son temple était ouvert à nouveau; puis il me fit ses confidences, me dit ses chagrins et ses peines. Il avait beaucoup à lutter, un plus jeune réussirait mieux peut-être, il se sentait vieux et découragé. Il me parlait doucement; nous étions devenus des amis.

La religion bouddhique a pris dans la province un grand essor, me dit le Khambo-Lama; la preuve en est dans le nombre des lamas qui est passé, depuis cent cinquante ans, de 741 à plus de 10000. Il est vrai qu'un grand nombre de ces lamas ne sont pas reconnus officiellement par le Gouvernement russe. Le 15 mai 1853, l'administration religieuse fut officiellement organisée par celui-ci qui fixa à 34 le nombre des monastères, admit un Bandido-Khambo-Lama, plaça un chérétouï à la tête de chaque datsane, et reconnut 216 lamas (*guélounes*, *guétsounes*) et 34 bandis. Un certain nombre de dessiatines de terre furent accordées à chaque lama, 500 pour le Khambo-Lama, 200 pour chaque chérétouï, 60 pour chaque lama, 30 pour chaque bandi; chaque élève ou *khovarak* en reçut 15.

Lorsque le Khambo-Lama meurt ou prend sa retraite, sur l'ordre donné par le gouverneur général de la région de l'Amour, une élection a lieu à la douma du lac des Oies : chaque lamaserie envoie un délégué pour voter en son nom. Trois candidats sont alors proposés au choix du gouverneur général, tous trois doivent savoir la langue russe. La nomination est ensuite soumise à l'agrément du Tsar. Les chérétouïs sont nommés par le Khambo-Lama dont le choix doit être ratifié par le général gouverneur, de même les guéloünes ou les guétsounes qui sont pris parmi les bandis ; ces derniers sont choisis parmi les élèves.

Les Russes ne reconnaissent pas toute la hiérarchie des lamas, qui est compliquée à souhait. Après le Khambo-Lama (suprême lama) qui prend aussi le nom de Bandido (savant), viennent bien les chérétouïs (*chérétouï* signifie celui qui est sur le trône), les guéloünes et les guétsounes. Mais ceux-ci se divisent en *tsordjis*, chargés de l'administration ménagère des monastères, en *latsabis*, adjoints des chérétouïs, en *géblouis* promus à la surveillance intérieure, en *gueikis* qui sont les seconds des géblouis, et enfin en *ounzatis* qui prennent dans le service la parole en premier. Il y a encore les *takhiltches*, lamas qui apportent et préparent les offrandes et qui sont chargés de nettoyer le temple, et les *djindjouks* qui sont les musiciens. Les *emtchis* sont les médecins et les *tszouroukhaïtches* les astrologues. On voit que la liste des degrés de la hiérarchie est longue.

Les élèves deviennent des guétsounes quelquefois tout jeunes; ils sont bien des lamas, mais ils ne sont pas reconnus par l'administration russe et n'ont les privilèges accordés par elle que lorsqu'ils sont nommés *statlamas*, c'est-à-dire lamas admis par la Russie. Ils profitent alors d'une vacance survenue dans un des monastères parmi les lamas officiels. Des savants comme le vieux Soubourgaiev, qui avait eu avec moi dans le temple du lac des Oies un si curieux entretien, ou comme Tarbaiev que j'allais connaître au monastère d'Aga, n'avaient jamais voulu de l'estampille russe. Tous deux portaient le titre si difficile à obtenir de *gabji* qui faisait d'eux des savants vénérés entre tous.

Mais tous les enfants qui passent par l'école du lac des Oies ne peuvent se flatter d'atteindre des titres aussi considérables qui représentent des années d'études et de méditations et souvent aussi un long séjour au Thibet. Ils espèrent tous arriver jusque-là, me disait le Khambo-Lama, qui me répétait en souriant le proverbe russe :

« Mauvais soldat celui qui en débutant n'a pas espéré devenir général, mais c'est bien le cas de dire : beaucoup d'appelés, peu d'élus. »

Dans l'école du lac des Oies il y a quatre cours;

seuls ceux qui passent par cette école peuvent devenir des lamas reconnus par la Russie. Le premier dure quatre ans, on y apprend à lire des textes thibétains et mongols, à dire par cœur des prières, à dessiner et à s'occuper de métiers divers. Dans le second cours qui dure trois ans, on apprend la médecine. Le troisième ne dure qu'un an et on s'y occupe d'astrologie et d'astronomie, enfin le dernier qui exige encore deux années, est consacré à la théologie et à la philosophie bouddhique. Les enfants commencent les études de bonne heure, on leur donne comme récompense des compliments et des bonbons; comme punitions de longues prières à réciter; on tire aussi quelques oreilles et il y a toujours le fameux bâton dont j'ai parlé qui réveille de tout son poids les attentions endormies. Les jouets ne sont pas permis, on tolère pourtant les osselets. Comme gymnastique on permet des luttes et le plus fort reçoit un khadak, l'écharpe de soie dont j'ai si souvent parlé. L'enseignement primaire s'appelle le *khinaïana*, l'enseignement supérieur le *makhaïana* et l'enseignement tout à fait complet le *paramit* ou *paraldotchenba*.

« Quelques-uns de nos enfants, ajoutait le Khambo-Lama, ont reçu de la Russie un enseignement plus ou moins complet.

— Beaucoup des vôtres vous sont enlevés par les popes?

— Oui, répondit le Khambo-Lama sans vouloir insister davantage, moins qu'on ne dit pourtant. »

Je ne voulais rien demander à ce sujet à Iroltouiev, je l'aurais mis dans l'embarras; ce n'était pas lui qui pouvait se plaindre à moi des fonctionnaires ou des popes. J'avais déjà connu des histoires peu édifiantes, j'avais eu en mains une caricature où l'on voyait un fonctionnaire terrible arrivant parmi les indigènes le fouet à la main, roulant des yeux effrayants et ouvrant une bouche énorme. Tous les Bouriates épouvantés accouraient avec des bâtons; au bout de chacun d'eux pendait un morceau de viande ou une bouteille, un mouton ou quelques billets de banque. Et chaque Bouriate enfonçait avec son bâton dans la vaste bouche le cadeau qu'il apportait : le fonctionnaire avalait tout, les moutons avec leur laine, l'eau-de-vie avec les bouteilles. Une seconde caricature aussi grossière que la première montrait le fonctionnaire digérant à la façon du boa.

Et l'on m'avait cité tant de faits ! Le vétérinaire a besoin d'argent; vite une visite chez les Bouriates: « Vous ne m'avez pas dit que votre troupeau était malade. Il paraît qu'il va contaminer tout le pays; il faut tuer cette bête-là, et cette autre, et celle-ci. » Tout le troupeau va y passer. Mais de la poche des Bouriates sortent des pièces d'argent et des billets; la santé des bêtes se rétablit comme par enchantement...

Une autre anecdote encore : le gouverneur a permis qu'on élève une statue colossale dans un temple. La hauteur en a été fixée par un arrêté contresigné du gouverneur général. Commandés dans l'empire chinois, les morceaux de la statue arrivent, mais ils dépassent un peu la mesure autorisée. Les Bouriates espèrent qu'on n'en saura rien, mais le pristov a tout appris. Il accourt furieux, menaçant : la statue sera détruite, une amende payée, les moines iront en prison. « Nos bons Bouriates avaient bien peur, disait un de mes amis, mais tout se résout par l'arithmétique; c'est une merveilleuse chose. Une pile de billets de banque et de pièces a diminué d'autant la hauteur de la statue. »

Je pourrais citer aussi bien d'autres histoires peu édifiantes dont les popes sont les héros. Ils ont une petite gratification à chaque nouvelle conversion; un même homme peut parfois rapporter double : baptisé deux fois, il est inscrit sous deux noms différents, ce qui fait le désespoir des statisticiens. Un indigène a commis un délit; qu'il se laisse convertir et l'on étouffera l'affaire. Deux jeunes gens veulent se marier et leurs parents s'y opposent. Ils vont alors trouver le pope qui les baptise et les marie. Tous ces nouveaux orthodoxes sont des chrétiens peu convaincus qui s'empressent le plus souvent de retourner chez les lamas. « Il est toujours difficile, disait un jour Soubourgaiev, de voler des âmes ! »

De tout cela le Khambo-Lama ne voulait pas parler, c'était un sujet trop brûlant et il restait sur la réserve.

« Et pourtant, lui disais-je un jour, plus d'une fois vous avez soigné des popes qui vous prenaient comme médecin. S'ils avaient eu votre science et si vous vous étiez adressé à eux, auraient-ils été aussi bons que vous? »

Et Iroltouiev me répondit simplement :

« A quelque religion qu'il appartienne, un prêtre est toujours un prêtre; il donne son assistance à celui qui souffre; son premier devoir est d'être charitable et le pope m'aurait accordé ses soins! »

CHAPITRE XI

AU MONASTÈRE D'AGA

De Tchita en Aga. — La grande steppe. — Bazarov. — Le monastère d'Aga. — L'hospitalité des moines. — Les temples du monastère.

C'EST un long voyage d'aller de Tchita au monastère d'Aga. Le train qui se dirigeait vers Strétensk me déposa à Kaïdalovo d'où part le Transmandchourien. Les endroits que traversait ensuite la ligne portaient des noms bouriates; malheureusement la direction du chemin de fer n'a pas voulu les conserver; les stations, au lieu d'avoir des noms originaux et savoureux, s'appellent Adrianovka et Bouriatski. La variété est rare dans les dénominations des villes et des villages russes, on y trouve trop de noms rappelant des empereurs et des fêtes religieuses.

A Mogoïti je descendis espérant trouver une voiture, la modeste gare était, au milieu de la steppe, entourée de deux ou trois maisons. Je vis au bout de plus de deux heures passer dans une petite carriole un lama qui me fit de grands gestes. C'était

Tcherep Badmaiev que j'avais connu à son passage au lac des Oies ; il voulut m'emmener, mais la route était longue, j'avais des bagages et il emplissait très bien à lui seul sa toute petite voiture. J'entendais d'ailleurs dans le lointain un bruit de grelots ; un tarantas traîné par trois chevaux arrivait à toute vitesse et bientôt je roulais rapidement sur la route d'Aga.

La douma d'Aga était située à 37 kilomètres de la station ; la route n'était pas mauvaise, elle traversait une immense steppe vallonnée. Il faisait un temps merveilleux, le soleil à son déclin était encore très chaud. Autour de moi poussait une herbe rare qu'un été sans pluie avait brûlée et que des sauterelles avaient dévorée. Il suffisait d'y faire quelques pas pour que celles-ci s'élevassent par centaines en faisant entendre un bruit strident et en ouvrant vivement leurs ailes rouges ou bleues. Près de leurs trous des marmottes et des putois se chauffaient au soleil. Ils se sauvaient au bruit que faisait ma voiture qui roulait en étendant sur le sol des ombres que le soleil couchant rendait gigantesques. Au-dessus de nos têtes de grands oiseaux planaient. L'un d'eux descendit si bas que j'entendis le bruit de ses ailes. Nous arrivâmes dans une vaste plaine que les rayons du soleil avaient lumineusement dorée, et le cocher me dit alors : « Elle est belle, n'est-ce pas, notre steppe! »

Pl. 16, page 114.

L'ÉCOLE DE MON AMI BAZAROV A AGA.

AU MONASTÈRE D'AGA.

Oui, elle était belle, la grande steppe d'Aga, dont la poésie charmait jusqu'au pauvre diable qui me conduisait, avec ses lourds parfums, avec ses mystérieuses étendues, avec ses grands mirages qui rendent les soirs d'été éblouissants. Et les plaines succédaient aux plaines, et le soleil, à mesure qu'il se couchait, donnait des rayons plus trompeurs et plus caressants. Bientôt il disparut, l'horizon ne fut plus qu'une immense palette pleine de rouges, de verts, de bleus éclatants qui bientôt s'adoucirent dans une mosaïque de roses, de gris perle et de lilas.

La modeste douma m'apparaissait au milieu de toutes ces couleurs. Puis tout s'assombrit rapidement, le cocher lança ses chevaux au galop et les arrêta brusquement devant une maison où des lampes avaient déjà été allumées; sur leurs portes deux commerçants chinois sortirent; les chiens du village se mirent à aboyer, tandis qu'autour de nous, dans l'immense plaine, sentant venir la nuit et avec elle le froid et les loups, les troupeaux plaintivement bêlaient.

De la douma d'Aga dépendaient huit grands groupes, huit rods de Bouriates. Les représentants de ces rods sont d'ailleurs très mêlés; le temps n'est plus où les jeunes hommes tenaient à se marier avec une fille de leur tribu. J'eus surtout autour de moi quatre jeunes Bouriates : Dylykov, un des plus beaux hommes que j'aie vus, intelligent et sympathique, qui était Dsonkhatsy; Djamtsaranov qui était Chareit; Baradiev que je voyais souvent avec plaisir qui était Tsagane; et enfin Bazarov de la tribu des Kharaganes. Le célèbre explorateur russe Potanine m'avait recommandé ce dernier. Jamais au cours de mes voyages je n'ai rencontré un compagnon meilleur, plus honnête et plus dévoué que cet excellent Bazarov. Dans le village étaient quelques Chinois et quelques Russes qui s'occupaient de commerce et d'usure. Il y avait aussi des Bouriates convertis au christianisme; c'étaient les plus malheureux de tous, ils ne vivaient plus très bien avec leurs frères et les Russes se refusaient à les considérer comme leurs égaux.

Je devais rester assez longtemps à la douma; presque chaque jour une voiture venait me chercher et me menait chez les lamas. Le lendemain de mon arrivée le cocher bouriate qui était désigné pour me servir par le chef de la douma, le taïcha, vint me saluer aussi majestueusement qu'il le put.

« Comment t'appelles-tu? lui demandai-je.

— Mon prénom est Bouddha, » me répondit le cocher.

Je parus un peu étonné et Bazarov se mit à rire.

« Nos prénoms sont souvent pris parmi les noms des incarnations de Bouddha. Ma femme s'appelle Dara comme la bonne déesse. Moi qui suis un garçon bien tranquille, je porte le prénom de

Tchoidjil comme le dieu qui règne dans les Enfers. »

Le monastère d'Aga est situé à 6 kilomètres de la douma. Il ne fait pas sur le voyageur autant d'impression que celui du lac des Oies, il est pourtant très vaste, et autour du grand datsane principal se trouvent d'importants *soumés*, temples élevés en l'honneur de divinités sacrées.

Oh! l'excellent accueil que je trouvai dans cette belle lamaserie! Que de bons souvenirs j'en ai rapportés! Mon aventure de Tchita et la recommandation du Khambo-Lama me firent recevoir, dès le premier jour, en ami. Le vieux chérétouï, Galsane Tchaidak Soundorov, m'accueillit avec la plus grande politesse dans sa maison. Dans la cour où elle était construite, se trouvait une yourte de feutre et une tente mongole blanche et bleue sous lesquelles il aimait à se reposer les soirs d'été. L'intérieur de la maison était tapissé d'étoffes rouges et brunes avec de grandes fleurs; partout des tapis très propres. Dans une vitrine, des statuettes apparaissaient toutes dorées avec le dieu Abéda à la place d'honneur.

Tchérep Badmaiev que j'avais rencontré la veille à la gare et Tarbaiev, celui qui parmi les moines devait devenir mon meilleur ami, étaient entrés, très aimables. Des élèves avaient apporté du thé, des bonbons et des gâteaux. On me fit les compliments d'usage. Bazarov s'était assis à côté de moi, et Bouddha, mon cocher, restait sur le seuil de la porte; il mit trois fois le front à terre, puis il entra à pas lents et s'inclina profondément devant le chérétouï qui lui posa sur la tête ses mains jointes et son chapelet.

Le déjeuner commença; on servit d'abord du *khochar*, viande hachée et roulée dans de la pâte, arrosée d'une liqueur très agréable faite avec des baies du pays; des *bouzés*, viande roulée dans une pâte semblable presque aux fameux penmènes sibériens, mais ceux-ci sont faits dans de la vapeur, tandis que les *bouzés* sont préparés dans de l'eau; une soupe aux nouilles et à la viande, appelée *koémine*, vint ensuite; elle était excellente; j'en félicitai le cuisinier et le vieux Soundorov, d'un air gourmand, me dit en faisant claquer sa langue : « Demain ce sera une autre soupe, du *chilo*, c'est encore meilleur et vous nous en direz des nouvelles! » Le repas fini, nous nous dirigeâmes vers le datsane. Tarbaiev dont j'avais déjà pendant le dîner apprécié la haute compétence, marchait à mes côtés. Le vieux chérétouï très lourd et dont les jambes n'étaient pas solides, accepta ma voiture pour aller de temple en temple avec nous.

Le datsane était beau, et plus grand encore que celui du lac des Oies, il renfermait pourtant derrière la barrière du fond moins de grands bourkhanes en métal. Les colonnes étaient couvertes

LE LAMA BADMAIEV.

d'*alachanes*, tapis chinois sur lesquels sont peints de formidables dragons. A côté de la porte d'entrée se voyaient les images de Namsaraï et de Pakdjibo. Derrière la balustrade du fond, et aux places d'honneur, étaient Abéda, Dzonkhava, Chakia-Mouni, Ariabalo, entourés de statuettes plus petites représentant Otchervani, Maidari, Djengreïssik, Mandjouchiri et tant d'autres qu'il serait trop long d'énumérer. Le sol était fait de grandes dalles de marbre blanc que les lamas étaient heureux de me voir admirer. Au plafond pendaient des oriflammes et des étoffes de soie de toutes les couleurs. Dans le haut du temple se trouvaient deux grandes salles pleines de sacs, de rubans, de pierreries, parures destinées au colossal Maïdari que la lamaserie était en train d'ériger. Dans la première, entre les rouges Aiouchi et Abéda, Otochi apparaissait tout bleu.

Dans la seconde, il y avait surtout des dieux d'aspect effrayant, presque tous de grandeur naturelle : Djemchok avec ses quatre terribles têtes, Samdé qui écrasait une femme à trois têtes entre ses bras vengeurs, Tchoidjil effroyablement obscène, Iamandava colossal et monstrueux. Au pied de ces statues des offrandes avaient été déposées par les fidèles; à leurs bras pendaient des écharpes de soie que les croyants avaient apportées, car ce sont ces dieux terribles qui luttent pour défendre les hommes contre les mauvais esprits. Je remarquai dans un coin des fusils et Tarbaiev me dit : « Ce sont de braves gens qui les ont offerts aux Dokchites pour qu'ils tuent plus sûrement les mauvais esprits. Les fusils sont bien vieux, ils ne valent pas grand'chose, mais nos indigènes disent qu'un vieux fusil est toujours meilleur qu'un neuf : il tue depuis plus longtemps ! »

Puis Tarbaiev ajouta, voyant que j'allais parler : « Je sais ce que vous allez dire : tout cela c'est de l'enfantillage. Heureux les hommes qui sont restés des enfants ! Dieu sourit avec indulgence à la naïveté de leurs présents. Nos Bouriates voient ici que Dieu est terrible quand il s'agit d'écraser le mal, qu'il est toujours prêt à les défendre contre les mauvais esprits qui les oppriment ou qui les tentent. Quand les pauvres gens se sentent effrayés par l'aspect terrifiant qu'il peut prendre, ils se retournent et Dieu, sous l'aspect d'Abéda au visage serein, leur apparaît lumineux et doré dans sa radieuse et brillante beauté. »

Je me retournai et je vis le dieu rayonnant délicatement peint par un artiste thibétain. Auprès de lui, sur une table, se trouvaient, splendides et étincelants, deux grands palais merveilleux, la maison divine telle que l'esprit des hommes peut se l'imaginer. Sur un plat qui représentait le monde, était figurée une petite hauteur quadran-

CONSTRUCTION D'UNE STATUE COLOSSALE DU DIEU MAÏDARI, LE FUTUR RÉGENT DU MONDE.

Pl. 16, page 120.

gulaire en forme de degrés : c'étaient les degrés du monde. Les bons et les mauvais esprits vivent ensemble. Il y a d'ailleurs 3000 mondes et 4 continents. Le monde que nous connaissons est divisé en six parties : l'enfer, le désert où l'on souffre de la soif et de la faim, le monde des animaux, des oiseaux et des poissons, le monde des hommes, celui des Assouris, cruels esprits qui font la guerre, celui des Tengris qui vivent les uns sans corps et les autres dans des corps. Parmi les Tengris quelques-uns seulement sont méchants; parmi les Mangoux, diables terribles et malicieux, il n'y a pas un esprit clément.

Après avoir visité le datsane, nous allâmes dans les autres temples. L'un était consacré à Tsagan-Dara-Ekhé : c'est la bonne déesse qui ne pense qu'à faire du bien. Même si elle passait la tête enveloppée dans un voile épais, elle verrait encore, car elle a pour le bonheur des malheureux des yeux dans la plante de ses pieds et dans la paume de ses mains. Au mois de septembre les élèves s'y réunissent le soir. J'en trouvai plus de 250 qui s'y étaient rassemblés sous la surveillance d'un guébloui. Ils étaient assis en rond, l'un d'eux debout interrogeait les autres : à chaque réponse il se penchait en arrière sur une jambe, puis jetait le corps en avant sur l'autre jambe, en frappant dans sa main au poignet de laquelle pendait un chapelet. Quand la réponse était mauvaise, il poussait quelques cris stridents : « Tu mens, tu ne sais ce que tu dis. »

Nous parcourûmes ensuite le temple de Djemtchok, au fond duquel, autour d'un grand Bouddha, était groupé tout un olympe de dieux : Aiouchi, le dieu si vénéré qui donne le bonheur et la longue vie, à côté duquel j'aperçus, grave dans sa sérénité bienveillante, Dzonkhava, le créateur du lamaïsme et enfin le dieu de la médecine Ototchi près de qui se trouvait la statue de la déesse verte, Nogoun-Dara-Ekhé, qui préside aux accouchements.

Avant de quitter les lamas, je dus les photographier. Tout à coup Tarbaiev me dit :

« Vous êtes un ami. Nous vous permettrons même de photographier nos statues divines. Elles ne nous reprocheront pas de les avoir ainsi mises entre vos mains, et si elles veulent bien exaucer nos désirs, elles vous protégeront. »

Et tour à tour apparurent devant mon appareil Bouddha tranquille et serein, Mandjouchiri tenant son glaive, Dara toute bleue, Aiouchi tout rouge, Otchervani tout noir et Abéda tout doré. Mais il fallut partir. « A demain, n'est-ce pas ? » c'était le cri que je devais entendre tous les jours répété avec la même cordialité.

Mon cocher agita son fouet : tous les moines se tenaient debout dans leurs longues robes jaunes,

UNE ÉCOLE DU MONASTÈRE D'AGA.

Pl. 19, page 122.

me saluant de la main, tandis que le vent faisait flotter au-dessus de leurs têtes le bout de leurs écharpes de pourpre. Tout à coup un bruit de gongs se fit entendre : c'était l'heure de la prière et les moines rentrèrent lentement. Tarbaiev se retourna pour me faire encore un signe, tandis que le vieux Soundorov s'en allait à pas lents s'appuyant lourdement sur le bras d'un élève.

« Es-tu content, Bouddha? » dis-je alors en riant.

Je parlais à mon cocher qui me répondit :

« Oh! oui, ce n'est pas pareille fête tous les jours. Les lamas m'ont nourri comme je ne l'ai jamais été; tu vas me donner tout à l'heure un bon pourboire, et je ne demande qu'à recommencer.

— Tout cela est fort bien, répondis-je. Mais l'autre Bouddha, celui qui règne sur le monde, crois-tu qu'il soit content de me voir aller ainsi dans tous ses monastères?

— Pour sûr, il est content. Tu es notre ami. Le lama Tarbaiev l'a dit, et celui-là ne se trompe pas : le dieu Bouddha ne saurait penser autrement que le lama Tarbaiev. »

CHAPITRE XII

LA VIE AU MONASTÈRE

Le costume chez les Bouriates. — Les parures des femmes. — La peur des réformes russes. — Le partage des terres. — Les funérailles. — Talismans, fêtes et livres sacrés. — Sous la protection du dieu Aiouchi.

LES moines insistèrent plusieurs fois pour que je demeurasse tout à fait avec eux. Je connaissais déjà la vie des monastères et en restant à la douma je pouvais recevoir constamment la visite de Baradiev et surtout celle de Bazarov qui était maître d'école. Je pus photographier les écoliers et je fis ainsi la connaissance de l'aimable Mme Bazarov qui portait une parure au front. Celle-ci était toujours simplement, mais très proprement habillée, ce qui était rarement le cas des femmes indigènes.

Le costume des Bouriates se compose tout d'abord d'une *samsa* ou chemise, mais c'est sans doute la partie la moins utile du vêtement, car beaucoup d'indigènes n'en portent pas. Le *dyguel* ressemble à une robe de chambre, il est, comme tous les habits, l'œuvre des femmes bouriates, qui sont, m'affirmait

Bazarov, des couturières de premier ordre. Le dyguel est fait de coton ou de drap. Les chaussures s'appellent *gotoul*; les bas portent le nom d'*oriolta*, ils sont en feutre en hiver. Les jeunes filles mettent sur leur dyguel un empiècement presque triangulaire de couleur variée, le plus souvent soutaché et qu'on nomme l'*inguir*. Les jeunes gens s'en parent eux aussi. Les femmes mariées n'ont pas le droit de conserver l'inguir, elles ont par-dessus le dyguel un vêtement sans manches nommé *ojé*; sortir sans ojé, serait pour une femme aussi inconvenant que pour un homme se montrer sans caleçon. Le caleçon est toujours en coton et se nomme *oumdoune*.

Chez les jeunes filles et chez les hommes, les manches ne sont pas rapportées, elles sont du même morceau que le dyguel, tandis que chez les femmes mariées les manches sont séparées du reste du vêtement par une bande de soie, de couleur le plus souvent brune. On a vu déjà que la coiffure des filles, le *guyzygy*, se compose de huit nattes tandis que les femmes mariées n'en portent que deux; celles-ci mettent en outre de chaque côté, plantés dans leurs cheveux, des petits bâtons sur lesquels on applique des sortes d'épaulettes appelées *bolta*, parées de pièces et d'incrustations d'argent, de corail, de lapis-lazuli, d'ambre et d'améthyste. Le corail est surtout très apprécié des femmes bouriates : un voyageur ferait une fortune en leur en vendant, mais il faut, pour qu'il leur plaise, que le corail ne soit ni trop foncé, ni surtout trop rose. Sur la tête de la femme se met comme une couronne une large bande ornée de pierreries dont les deux bouts sont attachés par derrière; c'est la *daroulga*, très lourde, dont les femmes se parent les jours de fête et dont les chaînes d'argent quelquefois nombreuses, retombent ciselées et agrémentées de pierres précieuses, formant sur leur poitrine une succession de parures et de colliers.

Bazarov m'affirma que les lamas portaient une samsa, leurs moyens leur permettant toujours de se payer le luxe d'une chemise; leur robe est le *tantchan*, leur manteau sans manches le *doungok*, leur manteau court qui s'arrête à la taille que les lamas de Mongolie portent et que ceux du Thibet ne connaissent pas, le *dotoung*. La large écharpe rouge qui rappelle celles que portent nos statues dans les églises, et qui se met toujours sur l'épaule gauche, s'appelle l'*orkhindjé*.

On peut voir dans les illustrations que j'ai données, bien des formes de chapeaux à commencer par le fameux chassère, citons l'*obodé*, toque des lamas à bords relevés jaune en dessus, rouge en dessous, et le *natang* sorte de chapeau pain de sucre jaune, aux bords relevés.

Les Bouriates de la province de Transbaïkalie

ont conservé beaucoup plus leurs costumes que ceux de la province voisine d'Irkoutsk. Leur religion bouddhique a su peut-être mieux les soutenir contre les Russes que le culte chamaniste des Bouriates d'Irkoutsk. Ils n'ont pas eu d'autre part autant à lutter contre la colonisation russe. Les moments les plus durs viennent de commencer pour eux. Faire avec des nomades des agriculteurs, c'est la tâche à laquelle semble aujourd'hui s'adonner la Russie. L'administration de l'émigration russe veut trouver des terres nouvelles pour les colons; or, la zone agricole n'est pas large en Asie russe, et on ne les trouvera qu'en diminuant la part laissée jusqu'alors aux nomades.

C'est ce dont venaient bien souvent m'entretenir les lamas et le taïcha que les réformes épouvantaient et qui me priaient de présenter leurs doléances à l'administration! Les plus pauvres n'y perdaient pas grand'chose, mais les gens riches s'appauvriraient de jour en jour; il n'y aurait plus d'aristocratie bouriate, si je puis m'exprimer ainsi, partant plus de classe dirigeante capable de lutter contre l'envahisseur et non contre la civilisation, car les hommes comme Tarbaiev comprenaient les avantages de l'instruction, et ce dernier vint lui-même un jour me demander ce qu'il en coûterait aux Bouriates, s'ils envoyaient à frais communs des jeunes gens étudier à l'étranger. Hélas! l'argent

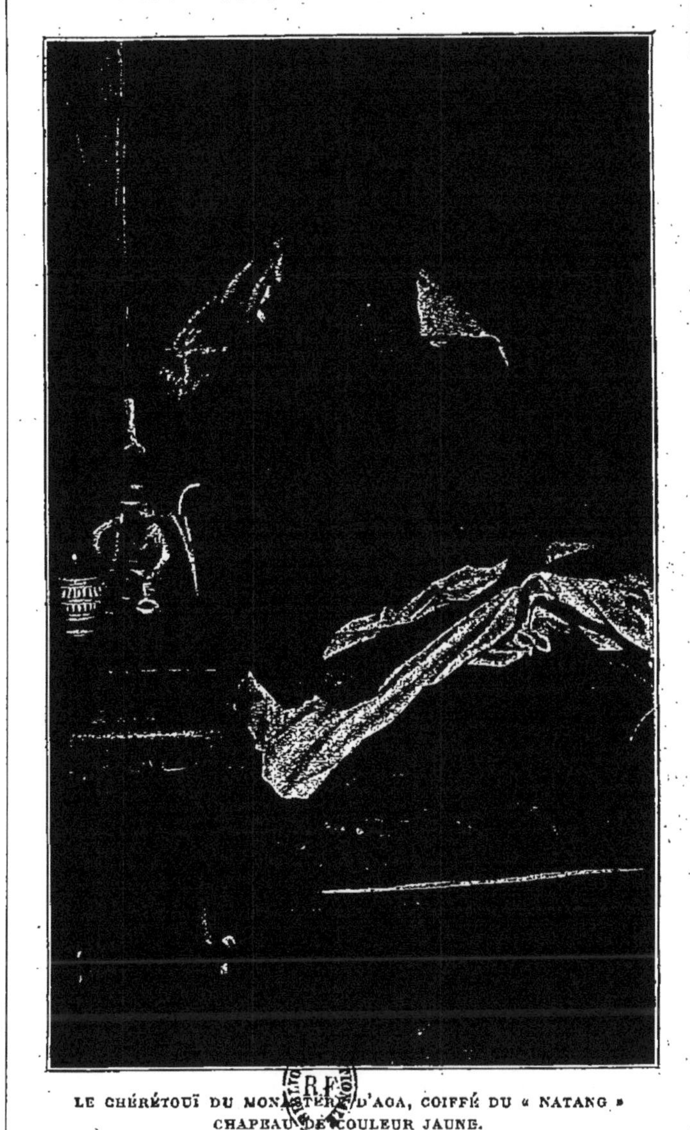

LE CHÉRÉTOUÏ DU MONASTÈRE D'AGA, COIFFÉ DU « NATANG » CHAPEAU DE COULEUR JAUNE.

manquait pour de telles dépenses, les séjours à l'étranger coûtaient cher; l'école russe, par contre, ne les tentait pas, trop de jeunes gens attirés par elle avaient été perdus pour eux.

« On nous y gâte souvent, me disait un lama, ce que nous avons de meilleur. »

Je répondais en citant les noms des jeunes Bouriates qui étaient revenus de l'école russe mieux instruits et plus intelligents et pourtant toujours fidèles à leur foi et à leurs amis. Il faut en effet rendre justice à chacun, les Bouriates voyaient le mal et oubliaient le bien que pouvait leur faire la Russie. L'avenir, certes, devait les effrayer : un partage des terres était certain. Une inspection avait eu lieu dans le pays; des pluies cette année-là étaient tombées, l'herbe grâce à elles avait été belle et nourrissante. L'envoyé de Saint-Pétersbourg en avait conclu du particulier au général, sans penser à reconnaître que l'hiver sibérien est dur, et que les années se suivent et ne se ressemblent pas.

« Un partage des terres sera chose terrible, me disait le taïcha, on a donné déjà les plus fécondes aux paysans, sous le prétexte que nous ne faisons pas d'agriculture. Les Bouriates sont des pasteurs de troupeaux, disait-on, ce sera assez bon pour eux, et maintenant on parle de nous retirer encore une partie, et sans doute la meilleure, des plaines sur lesquelles paissent nos bêtes; les grands troupeaux ne pourront plus vivre et nous devrons nous improviser agriculteurs sur des terres jadis déclarées infertiles lors du premier partage! »

Un Bouriate ajoutait amèrement que lors de l'expédition des Boxers les indigènes avaient pourtant fourni à l'armée russe des tentes et du foin; leur contribution de guerre avait été grande et ils n'en avaient pas toujours été payés. Un autre disait que la frontière mongole était proche et que l'exil valait mieux que la mort. Tarbaiev s'efforçait de les réconforter; il cherchait à leur donner un espoir qu'il ne partageait peut-être pas; le sage devait accepter l'exil et ne jamais craindre la mort. Tarbaiev ajoutait que le Mongol est très courageux à l'heure de la mort. Il sait vaincre la souffrance comme le fait la femme qui torturée par les douleurs de l'enfantement, se relève pour aller allumer une bougie devant l'image verte de Nogoun-Dara-Ekhé, qui la protégera pendant ces heures difficiles.

Quand un indigène meurt, la famille appelle aussitôt le lama qui, dès son arrivée, dit des prières à Ariabalo, à Ototchi et à Abéda. Il demande à Bouddha d'accueillir le défunt et de récompenser ses vertus. Le service peut durer longtemps, presque une semaine. Le lama reçoit un khadak et les héritiers lui font un présent. Le mort reste dans la maison trois jours en été, et en hiver quatre et cinq jours. On le brûle, on l'enterre ou on l'abandonne : les trois modes sont admis. La crémation en plein champ dégage une odeur intolérable. Des prières sont dites pour les défunts et souvent les indigènes, à certains anniversaires, demandent à un lama de prier pour leurs morts. Les lamas morts ne sont pas traités autrement que le vulgaire; pourtant on dresse parfois un *soubourgane* en l'honneur d'un moine vénéré : le soubourgane est une sorte de pyramide qui contient le plus souvent une grande quantité de petits Bouddhas grossièrement faits avec la cendre du mort mêlée à de la terre glaise.

Tarbaiev me faisait voir tous les jours du nouveau dans le monastère. C'était un lama que j'entendais réciter le *gouroume*, prière pour les malades; c'était un *khoural* auquel j'assistais. Le khoural est le rassemblement des lamas pendant le service; on le dit petit ou grand d'après son importance ou sa longueur. Il y a des khourals qui durent plusieurs jours. Durant le service chaque lama se lave les mains et se rince la bouche.

« Nos Bouriates ne sont pas toujours amis de l'eau et de l'hygiène, avouait tout bas Bazarov; ils se lavent les mains, quelquefois la figure et la bouche; quelques-uns se baignent en été, mais nombreux sont ceux qui ne se baignent jamais.

— Et les femmes, les enfants? demandai-je.

— Il est rare qu'on lave un enfant avant l'âge de

huit ou neuf ans; et une femme ne se baigne jamais. Un proverbe prétend même que celui qui se lave trop voit son troupeau tomber malade! »

Et Bazarov ajoutait que par enfant de huit ou neuf ans je devais entendre de sept ou huit, car, dès le jour de sa naissance, on dit que l'enfant a un an; on dit qu'il en a deux lorsqu'il a un an et un jour et ainsi de suite. Tarbaiev écoutait Bazarov et l'approuvait doucement d'un sourire. Il me faisait ensuite remarquer que les Bouriates étaient très pieux, que dans chaque maison il y avait au moins une statuette de terre ou de bronze représentant Bouddha, Ariabalo, Dara-Ekhé ou Dzonkhava. « Et des talismans, demandai-je, en trouve-t-on beaucoup?

— Beaucoup, me répondit Tarbaiev, les uns donnés par de vieilles femmes qui sont superstitieuses et qui se figurent savoir quelque chose; les autres qui sont dans la famille depuis plusieurs générations, d'autres enfin qui sont apportés par les lamas. Les premiers ne signifient pas grand'chose, mais là où il y a un peu de foi il y a toujours un peu de consolation! »

Dans cette douce indulgence je retrouvais tout Tarbaiev. Le moine me montrait aussi les talismans du monastère; certains ne servaient que dans les jours de fête. J'étais arrivé trop tard, le quinzième jour du mois d'août on avait célébré la fête de Maïdari, le futur régent du monde. En son honneur on avait fait le tour du datsane en suivant un char attelé d'un petit éléphant blanc. Dzonkhava serait fêté le 25e jour du premier mois d'hiver, puis viendrait le tour des terribles Dokchites; quant à Bouddha, on le célébrait chaque saison : il y avait la fête de sa naissance, celle de ses miracles, celle de son entrée au nirvana, etc. Et tout cela était dans les livres saints que Tarbaiev me montrait et qu'il consultait si souvent : le *Nome*, livre sacré de toutes choses; le *Gandjour*, qui a été fait par Bouddha lui-même, en 108 volumes; le *Dandjour* en 252 tomes et tant d'autres qui constituaient la bibliothèque de la lamaserie.

Il y avait un grand mouvement dans tout le monastère lorsque je vins rendre aux lamas ma dernière visite : on voulait me voir une fois encore avant mon départ; tous mes amis s'étaient rassemblés et le taïcha était venu de son village. Celui-ci me dit qu'il avait commandé Bazarov pour m'accompagner pendant le reste de mon voyage au monastère de Tsougal, et le chérétouï ajouta qu'il avait prié Tarbaiev de se joindre à nous. Je ne pouvais souhaiter de meilleurs compagnons. Je me levai, le dîner fini. Je voyais que tous ces braves gens qui m'avaient donné une si franche hospitalité étaient émus. Pour moi, je les quittais avec regret. Quelque chose cependant se préparait derrière un rideau ; j'entendais des exclamations étouffées, puis tout à coup il se fit un profond silence ; le vieux Soundorov drapé dans une large écharpe rouge et sa grande mitre jaune sur la tête s'avançait entouré des principaux lamas. Ils portaient un beau khadak de soie bleue long de plusieurs mètres. Le vieillard soutenait de ses mains qui tremblaient un peu, une statuette de bronze.

« Vous êtes notre ami, me dit-il, et nous vous aimons. Mais vous allez partir pour un long voyage et les voyages sont dangereux. Voici le dieu Aiouchi, celui qui donne la longue vie, prenez-le ; nous vous l'offrons. Restez toujours sous sa protection. Rien de mauvais ne pourra vous arriver. »

Je remerciai de tout mon cœur ces braves gens et j'emportai la statuette. Mon voyage fut long et difficile ; mais j'en revins sain et sauf, car Aiouchi reposait délicatement enveloppé, et du fond de ma malle veillait sur moi !

CHAPITRE XIII

AU MONASTÈRE DE TSOUGAL

Villages et campements indigènes. — Le monastère de Tsougal — Les temples. — La statue du futur régent du monde. — Une incarnation divine. — Une incarnation humaine.

Le matin où je quittai Aga, ma chambre fut constamment pleine de monde. Le taïcha, les moines, tous ceux que je connaissais se succédèrent dans la maison. Le Chinois qui était mon voisin, vint lui-même avec force révérences me présenter son petit cadeau : une pelote de fil et des aiguilles, dont, me disait-il, on a toujours besoin en voyage.

Tarbaiev, Bazarov et moi nous montâmes en voiture; le vieux cocher Bouddha avait tenu à nous conduire. Le temps était magnifique, de grands vautours planaient au-dessus de nos têtes et devant nous la steppe infinie s'étendait, couverte d'une herbe jaune et sèche, toute dorée sous les rayons du soleil. Au lointain quelques tentes de feutre apparaissaient. Nous allions très vite; trente verstes furent franchies en moins de deux heures, les cinq dernières au grand galop. Nous nous arrêtâmes enfin à Oust-Mogoïki pour changer de chevaux. Avant d'arriver au monastère de Tsougal, il y avait un second relais à Oksovski. Dans chaque endroit nous trouvâmes un campement de Bouriates. Plusieurs familles vivaient en nomades sous des yourtes faites en feutre de mouton. Dans l'intérieur de ces tentes il y avait des ustensiles de ménage, des armes pour la chasse, des étoffes de soie, des oreillers et des coussins. Sur une étagère, et couverte d'un voile de soie bleue, se trouvait toujours la statuette d'une des incarnations de Bouddha avec quelques tasses de métal pleines d'offrandes : eau pure, fleurs ou parfums.

L'accueil que nous recevions était partout le même : on accourait à nous, on nous invitait à manger, à nous rafraîchir, à nous reposer. Après Oust-Mogoïki, le chemin excellent traversait, puis suivait longtemps la ligne qui, après avoir franchi la frontière, prend le nom de Transmandchourien. Ensuite le pays changea d'aspect, il devint montagneux, des descentes rapides succédèrent aux montées escarpées. Le soleil avait été plus clément que dans la steppe : sur le flanc des collines quelques champs étaient restés verts. Partout de grands troupeaux paissaient; nulle part en Transbaïkalie je n'avais vu tant de moutons et tant de chevaux. Enfin le monastère de Tsougal apparut.

UNE TENTE DE BOURIATES NOMADES DANS LA STEPPE ENTRE AGA ET OUST-MOGOÏKI.

Pl. 21, page 136.

La nuit tombait; dans l'ombre on distinguait tout un groupe de gens : c'étaient les lamas qui m'attendaient et quelques minutes plus tard, j'étais dans une grande maison de bois, assez bien meublée et très propre, et je recevais les compliments de bienvenue, assis devant une table où un dîner copieux venait d'être servi. Nous bavardâmes longtemps. Le chérétouï, un très beau vieillard, un peu effarouché tout d'abord, s'était apprivoisé; il me disait sa joie de revoir Tarbaiev, le plus savant et le meilleur des lamas. Nul ne savait mieux instruire les Bouriates et leur enseigner l'horreur du péché. Et le bon vieillard m'énumérait lentement les péchés qu'un moine ne doit jamais commettre; il y en avait dix principaux : plusieurs sont appelés les péchés corporels, les uns sont commis par la langue et les autres par la pensée. Il ne faut donc ni tuer, ni voler, ni mentir, ni se montrer grossier, ni faire des commérages, ni désirer le bien d'autrui, ni nuire à quelqu'un, ni être avare, ni prendre la femme de son prochain, ni trop parler. Et le chérétouï m'avouait ensuite naïvement qu'on parlait beaucoup trop dans les monastères et que les lamas, comme les vieilles femmes, aimaient à faire des commérages.

Il était tard quand les moines me quittèrent. Je les accompagnai jusqu'à la porte. La nuit était merveilleuse. Le temple principal apparaissait tout blanc sous les rayons de la lune. Un instrument chantait dans une des chapelles et les lamas s'en allèrent chacun dans sa maison; un vent très léger faisait flotter leurs longues écharpes et l'astrologue me dit en me montrant le ciel : « Vous allez voir comme on dort bien chez nous sous la protection de nos grandes étoiles! »

Le lendemain les prêtres vinrent me chercher pour me conduire au monastère. Le temple principal très vaste, rappelait celui d'Aga; dans l'intérieur pendaient des oriflammes, des lanternes de papier, des étoffes de soie. Il y avait cependant moins de statues qu'au lac des Oies.

Un temple plus récent avait été élevé en l'honneur de Maïdari, le futur régent du monde. La statue du dieu en bronze était colossale, moins grande pourtant que celle d'Aga. Maïdari avait des boucles d'oreilles, des bagues et des bracelets aux pieds et aux bras; ses ongles étaient d'un rose vif et sur ses jambes on avait drapé une merveilleuse étoffe brodée d'argent et ornée de dessins vieux rose, bleu pâle et gris perle. Devant la statue étaient placés deux vases superbes d'une grâce incomparable, et tout autour, des bougies sans flamme fumaient, remplissant le temple d'un parfum pénétrant.

Je savais depuis longtemps qu'un enfant-dieu vivait dans le monastère, mais sûr d'un refus, je n'osais pas demander à le voir. Voici comment on m'expliqua cette incarnation. Un jour des prêtres étaient venus du Thibet pour annoncer aux moines de Tsougal que Bouddha s'était incarné dans le corps d'un enfant né dans le pays. Les renseignements donnés par eux sur le lieu où il vivait étaient si vagues, qu'on trouva facilement un enfant né dans les conditions requises. Celui-ci mourut quelques années plus tard, mais les astrologues du monastère consultèrent les astres et déclarèrent que l'âme divine était de nouveau réincarnée dans le corps d'un autre enfant né le jour même où le premier était mort, dans un endroit reconnaissable parce qu'on y trouverait des rochers abrités par de grands bouleaux... Il ne devait pas être difficile, on l'avouera, de découvrir un tel endroit... Et un nouveau dieu vivant avait été offert à l'adoration des fidèles. A ma grande surprise, les lamas me proposèrent d'aller lui rendre visite.

« On va le prévenir d'abord, me dit le chérétouï, car il faut qu'il s'habille ! » Je fis signe que j'acquiesçais, mais j'aurais pourtant préféré surprendre le dieu en négligé !

L'enfant, qui avait treize ou quatorze ans, m'attendait devant sa porte. Il avait une jolie figure rose, et portait une belle robe en soie brochée bleu ciel, ornée de vieilles broderies d'argent. Son nom, Loupsane-Loundok-Tambi-Nima, signifiait Esprit complet, Foi et Soleil. Il me tendit gravement la main et me fit traverser son jardinet, le seul que j'aie vu dans les lamaseries. L'intérieur de la maison était propre et coquet : des statuettes qui représentaient des dieux ornaient un petit autel; une estrade supportait une sorte de trône fait de coussins de soie aux couleurs harmonieuses; l'enfant s'assit à droite du trône m'invitant de la main à lui faire pendant de l'autre côté. Le chérétouï suivi des lamas entra alors; il s'avançait à pas lents, les mains jointes, profondément courbé, et il s'inclina très bas devant l'enfant qui gravement posa ses petites mains et son chapelet sur la tête du vieillard. Tarbaiev vint à son tour se prosterner devant Loupsane auquel il offrit une jolie écharpe de soie. Bazarov, très ému, se présenta le dernier.

J'avais reçu tant de khadaks que je jugeai l'occasion excellente d'en offrir un au jeune dieu. Sur l'écharpe de soie bleue que je présentai à Loupsane, j'avais placé le miroir à double face dont je me servais — oserai-je le dire? — pour me raser. Une des faces était grossissante; l'enfant s'y mira avec complaisance, daigna sourire et me remercia d'un signe de tête. Je l'interrogeai sur ses études; autour de lui je voyais beaucoup de livres, il apprenait le russe et le thibétain pour pouvoir voyager plus tard. Les lamas répondaient le plus souvent à sa place à mes questions. L'enfant cepen-

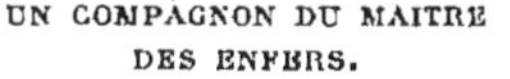

UN COMPAGNON DU MAITRE DES ENFERS.

DOUPSANE, LE JEUNE DIEU VIVANT DU MONASTÈRE DE TSOUGAL.

LE MONASTÈRE DE TSOUGAL ET LES PRINCIPAUX LAMAS DU MONASTÈRE.

dant me demanda ma carte et me promit sa visite lorsque, comme le Khambo-Lama, il irait un jour à Paris. L'avenir me réserve sans doute l'honneur de promener un dieu sur le boulevard des Italiens; mais nous sommes à une époque où les dieux sont très modernes et Loupsane me priera peut-être de le conduire aux Folies-Bergère!

L'enfant-dieu cependant me présentait à son tour une écharpe de soie. Mon audience était terminée et il ne me restait plus qu'à serrer la main qui m'était tendue.

Nous sortîmes et Bazarov m'entraîna à l'écart pour me demander mon avis. Était-il possible que Loupsane fût un dieu? Je lui demandai ce qu'il en pensait, lui! mais il n'osa pas me dire son opinion; il m'annonça qu'un autre enfant, très vénéré aussi, vivait dans le monastère. Les lamas, onze ans auparavant, avaient reçu, venu en toute hâte du Thibet, un messager qui annonça que l'âme d'un prêtre de Lavrane, célèbre par ses vertus, s'était incarnée dans le corps d'un enfant bouriate. Les lamas trouvèrent celui-ci à l'endroit indiqué dans une cabane misérable; ils l'élevèrent en lui conservant les honneurs et les titres auxquels le rang qu'avait occupé le lama thibétain lui donnait droit.

L'enfant avait environ onze ans, lorsque je le vis. Il était proprement vêtu, mais ne portait pas comme Loupsane un costume fait d'étoffes anciennes et précieuses. Habillé à la façon des moines thibétains il avait comme eux un bras nu. Sa frimousse était amusante, il me regardait gravement et répondait à mes questions avec le plus grand sérieux; le petit bonhomme jouait bien son rôle de lama vénéré, mais ses yeux vifs pleins de malice et de gaieté, démentaient ses propos trop sérieux. Il me dit son nom en thibétain et me le traduisit très fièrement :

« Mon nom signifie Esprit heureux, grande Sagesse et Mer sans limites !

— Et, lui dis-je en riant, malgré ce nom-là, vous aimez tout de même les bonbons!

— Oh! oui. »

Ce oui avait un tel accent de conviction et de sincérité, que les lamas qui m'accompagnaient se mirent à rire avec moi.

Deux jours après mon entrevue avec la divinité, je quittai le monastère. Les moines m'avaient offert le khadak habituel et une belle statue de Dordjé Semba que les Bouriates appellent Bazar Sado et qui représente Bouddha lui-même. Les lamas et quelques riches Bouriates, parmi lesquels Dylykov vêtu d'une superbe robe en soie brochée bleu ciel, étaient venus me saluer pour me charger de demander au gouverneur général de recevoir une délégation bouriate. Puis tous m'accompagnèrent à la gare; nous prîmes par le plus court :

la route était affreuse, elle côtoyait souvent le précipice; sur le bord il y avait des trous dans lesquels les roues glissaient : on risquait à tout instant de disparaître dans le ravin. Trois ou quatre fois nous dûmes descendre et passer à pied les endroits les plus dangereux. Seul, un gros lama restait dans sa petite voiture; à un passage difficile, nous vîmes son équipage glisser et nous le crûmes perdu; mais Dylykov qui était un homme superbe d'une force herculéenne, avait soulevé les roues de derrière et retenu la voiture au-dessus du précipice. Je vois encore la figure tranquille du brave lama qui nous regardait sans effroi en riant avec un bon rire d'enfant.

Nous trouvâmes le train en gare, mais nous ne partîmes qu'au bout d'une demi-heure. Tarbaiev et Bazarov devaient me quitter à la station la plus proche d'Aga. Tout à coup le train s'arrêta en pleine steppe. Je descendis et le chef de train m'expliqua qu'il n'y avait plus d'eau dans la locomotive.

« Mais vous vous êtes arrêtés si longtemps à la station, pourquoi n'avoir pas pris d'eau?

— On a oublié, » me répondit l'employé avec un grand geste d'indifférence.

Puis il ajouta en manière d'excuse : « Le mécanicien est ivre, moins que le chauffeur pourtant. »

On décida d'envoyer la machine en avant, peut-être l'eau serait-elle suffisante pour elle seule; nous étions dans une steppe plate et très vaste. A un kilomètre de nous, nous vîmes la locomotive s'arrêter, cette fois définitivement. Nous attendîmes pendant quatre heures environ. Les voyageurs russes qui ne s'étonnent jamais de rien, faisaient la dînette sur l'herbe autour des samovars fumants; d'autres dormaient ou jouaient au *vindt* ou à la *préférence*[1]. Un coup de sifflet se fit entendre; nous en conclûmes que la délivrance était prochaine, puisqu'on venait à notre aide; mais soudain, dans l'autre direction, nous entendîmes un autre coup de sifflet : de chaque côté un train de secours arrivait... Nous ne pouvions plus avancer ni reculer. La nuit était profonde quand notre convoi put enfin se remettre en marche.

1. Jeux de cartes très aimés des Russes, le premier ressemblant un peu au bridge, le second importé de France au XVIIIe siècle.

CHAPITRE XIV

CHEZ LES TOUNGOUSES

Les Toungouses de Transbaïkalie. — Leurs vêtements. — Les grandes chasses. — Le mariage. — Les chamanes noirs et blancs. — Une femme chamane. — Élevage du renne.

De tous les indigènes de Sibérie les moins civilisés sont avec les Ostiaks du bassin inférieur de l'Ob, les Toungouses épars dans toute la Sibérie orientale et qui se décomposent en peuplades aux noms barbares, désagréables à entendre et durs à prononcer : Lamoutes du Kamtchatka, Oroks installés dans des huttes enfumées au bord de la Manche de Tartarie, Goldes très petits, aux bras incroyablement longs, Guiliaks de l'Amour inférieur et de l'île de Sakhaline, Manègres au type mongol très pur, Oltches, Orotchones, Birars, etc. En Transbaïkalie on trouve près du Baïkal, dans le district de Bargouzine, et dans le centre de la province, des Toungouses proprement dits. Ceux-ci sont de taille moyenne, assez bien bâtis d'ailleurs; la poitrine est large, les muscles forts et apparents, surtout ceux des jambes. Leur nez est semblable au nez mongol, large et parfois un peu aplati. Ils ont des lèvres très épaisses et la pomme d'Adam très développée. Chasseurs expérimentés, ils ont acquis une grande souplesse dans les mouvements. Leur peau brune est toujours sale, les notions les plus simples de l'hygiène leur étant inconnues : ils ne se lavent jamais, excepté quelquefois l'hiver avec de la graisse, ce qui les préserve un peu du froid. Les femmes qui travaillent à toute heure et qui deviennent mères trop jeunes, sont vieilles avant l'âge ; on trouve par contre, chez les Toungouses, des vieillards très robustes. Les seules distractions qu'ils connaissent sont le soir les histoires que les plus vieux racontent au coin du feu, tandis que tous les auditeurs fument, y compris les plus petites filles qui ont une pipe dont elles se servent gravement.

L'hiver, les indigènes s'habillent de peaux de bêtes; les bottes sont en peau de phoque du Baïkal ou en peau de chien, les bonnets sont faits avec la fourrure du renard, les pelisses avec celle du renne ou de l'ours; avec les peaux d'écureuils on confectionne des tours de cou très chauds.

Les Toungouses sont de grands chasseurs : ils affrontent même les bêtes les plus dangereuses. Leurs armes sont le plus souvent la flèche et le couteau. Ils ont pourtant parfois des fusils, d'ailleurs assez mauvais. Ils sont passés maîtres dans l'art de dresser des pièges, de creuser des trappes. Plus d'un se vante d'avoir tué un grand nombre d'ours, mais les chasseurs de tous les pays se ressemblent et il faut se méfier de leurs exagérations. Les indigènes ont un grand respect envers celui d'entre eux qui est réputé pour son courage et son adresse dans la chasse à l'ours : il a à la fois prestige et autorité et il sait user et abuser de ses avantages. Pareil chasseur porte souvent à sa ceinture un petit bâton où des entailles indiquent le nombre d'ours tués par lui. Le piège à l'ours est placé en forêt l'été non loin d'une rivière près de laquelle poussent des baies sauvages, car l'ours a un grand faible pour les fraises et les framboises. Attiré par un appât, il met le piège en mouvement, tombe et le chasseur lui perce le cœur d'une flèche. La bête morte, son vainqueur retourne à son campement, il court, il pousse le cri de triomphe qui apprend sa victoire à tous ses amis. Quelquefois il a même dépouillé l'ours et apparait couvert de sang, trainant la peau derrière lui. Tous les habitants du campement le félicitent, l'interrogent et sous sa direction vont chercher le cadavre que guettent déjà les bêtes féroces et les rapaces.

Le lendemain on fait un grand repas, et dans certains villages on met la tête de l'ours au milieu des assistants. Les hommes s'amusent à appeler tour à tour les gamins du campement dont ils placent le front sur le crâne de l'ours en disant : « Fais connaissance avec le vieux camarade. »

Les enfants en général détestent ce jeu-là : ils ont très peur des vieux camarades dont ils ont entendu raconter si souvent les méfaits. Quelques-uns pourtant se montrent très braves : ce seront les grands chasseurs de l'avenir qui ne craindront pas la lutte contre le roi de la forêt.

Les autres chasses plus faciles sont aimées de tous les Toungouses. La plus importante est celle à l'écureuil, que l'on prend le plus souvent au piège. C'est par millions que les peaux d'écureuils, venant de toute la Sibérie, sont envoyées aux foires d'Irbit et de Nijni Novgorod.

Les écureuils, petits gris, se trouvent partout dans les arbres résineux et sont d'autant plus nombreux que la récolte des pommes de pin et des noix de cèdre est plus abondante. Les plus estimés proviennent des hautes futaies dans lesquelles abondent des chênes : leurs queues sont très demandées pour faire des tours de cou.

Les renards sont très nombreux dans toute la province aussi bien dans la steppe que dans la forêt. On chasse encore l'hermine, la martre, le chat sauvage, le putois, le loup et le glouton. La marmotte abonde dans la steppe. Sa peau se vend facilement, car on la teint très bien et elle ressemble alors aux fourrures les plus rares. Pour la zibeline on a des chiens spéciaux, mais la morsure terrible de la bête les décourage souvent. On ne peut malheureusement pas atteindre l'hiver les plus belles zibelines qui vivent près des glaciers.

La chasse au cerf maral a lieu en mai et en juin, on fait des vêtements avec sa peau. Les cornes sont vendues cher aux Chinois. Les indigènes viennent ensuite à la ville la plus voisine ou à la foire de Verkhné-Oudinsk, vendre le produit de leur chasse que jadis ils échangeaient contre des objets sans valeur dont les couleurs les ravissaient. Plus d'un marchand russe a su faire alors fortune à leurs dépens, et les usuriers de Transbaïkalie regrettent beaucoup le temps où les sauvages, faciles à duper, ne connaissaient pas le prix de l'argent. On les séduit pourtant encore avec de la verroterie, de la bimbeloterie ; une bouteille d'eau-de-vie surtout est un argument excellent pour les décider à faire un marché déplorable pour eux.

Le mariage n'est pas fêté chez eux comme chez les Bouriates ; ce n'est en général qu'un événement sans importance, il n'y a ni fête ni festin. Le gendre paie une dot au beau-père, encore exerce-t-il souvent les droits de l'époux avant que les comptes ne soient tout à fait terminés. La dot est payée en rennes, en chiens, en instruments divers, quelquefois en journées de travail chez le beau-père.

« Et ce ne sont pas les femmes qui coûtent le

plus cher qui valent le mieux, me confiait un jour un vieux Toungouse. Moi j'en ai deux. Pour la première j'ai donné une marmite, une ceinture et dix peaux d'écureuils, et j'ai toujours été content d'elle. Dix ans après, j'ai pris une seconde femme; j'ai dû donner pour l'avoir deux rennes, dix roubles et trois bouteilles d'eau-de-vie; c'était beaucoup, et quand j'ai connu ma femme, j'ai trouvé que c'était trop.

— Il fallait la rendre à son père. »

Le sauvage hocha lentement la tête et me dit : « Le père aurait peut-être repris la fille, mais il ne m'aurait pas rendu l'argent. »

Cette scène se passait dans un campement que le sous-chef du district me faisait visiter au sud de Tchita. Nous avions trouvé les indigènes au moment où ils partaient pour la pêche; à notre vue ils avaient quitté leurs barques et s'étaient assis autour de nous pour partager notre déjeuner; les femmes cependant étaient restées à travailler; un vieillard à qui j'en fis l'observation m'affirma que les choses étaient bien comme elles étaient : l'homme se repose, la femme travaille! Je l'interrogeai sur les croyances des Toungouses. Ceux-ci sont chamanistes et croient aux esprits, qui vivent dans le ciel, les bons au sud et à l'ouest, les mauvais à l'est et au nord. Pour les implorer et les rendre favorables, les indigènes ont des chamanes qui cumulent les

UN COSTUME D'UN CHAMANE.

métiers de prêtre, de rebouteur et de sorcier. Jadis un aigle descendit du ciel envoyé par les bons esprits pour défendre les hommes contre les mauvais; l'aigle ne put faire comprendre son langage, mais il séduisit une femme, et l'enfant qui vint au monde neuf mois après fut le premier chamane dont tous les prêtres indigènes se vantent aujourd'hui d'être les descendants. L'aigle pour cette raison est resté un oiseau sacré que pas un sauvage n'oserait attaquer.

Vêtus de peaux de bêtes, la tête ornée de plumes et de coquillages, le cou paré de clochettes et de grelots, les chamanes officient conseillés par les corbeaux. Ils implorent les bons esprits qui donnent aux hommes du gibier et du poisson, qui écartent les maladies et rendent les femmes plus fécondes.

Ils calment les colères des mauvais en leur offrant de l'eau-de-vie, du sucre, du riz et du tabac; ils les chassent par de savants exorcismes des corps des malades qu'ils tourmentent et apprennent aux fidèles comment on peut les vaincre ou les tromper. Il importe d'entourer d'un fil bénit par les prêtres les maisons des nouvelles accouchées ou d'en nouer un sur le corps à l'endroit même où l'on souffre, aucun esprit méchant n'ose alors s'approcher. Si l'on part en voyage, il faut hardiment marcher dans le sens opposé de la direction qu'on veut prendre : comme les mauvais esprits précèdent toujours les voyageurs, pour préparer plus facilement leurs embuscades, brusquement sans qu'ils s'en doutent on revient sur ses pas et l'on peut alors suivre sa route sans craindre aucun danger.

Les chamanes font parfois des cérémonies qui coûtent cher aux fidèles qui les leur demandent : ils immolent alors des moutons ou quelquefois même des chevaux. L'eau-de-vie coule à flots ainsi que dans la cérémonie pendant laquelle ils mangent les âmes des ennemis qui oppriment les indigènes. Un homme dont l'âme est ainsi dévorée meurt, dit-on, au bout de quelques semaines.

Toutes ces coutumes sont très primitives et, dans les populations les plus pauvres, les chamanes sont quelquefois assez rares; pour étudier le chamanisme, il faut aller dans le gouvernement d'Irkoutsk peuplé de Bouriates qui en ont fait une vraie religion. Parmi les Bouriates de Transbaïkalie, il y a aussi des chamanistes; parfois le bouddhisme et le chamanisme se sont mêlés. J'ai même vu des femmes chamanes. L'une d'elles fit devant moi sortir un mauvais esprit du corps d'un jeune homme. C'était la nuit, nous étions réunis dans la plaine et deux ou trois hommes portaient des branches de pin enflammées qui jetaient une clarté sinistre. Le jeune homme était tuberculeux et si faible qu'il se

FEMME CHAMANE OU CHAMANKA A LA FOIS REBOUTEUSE ET SORCIÈRE.

soutenait à peine. La chamanka immola un mouton et jeta de l'eau-de-vie aux esprits; à chaque offrande elle en faisait boire au malade qui ensuite toussait affreusement. Épuisé il tomba à terre : la sorcière prit alors une dernière gorgée dans sa bouche et, se baissant sur le malheureux, elle la fit couler dans la sienne...

Je demandai aux Toungouses du campement que me montrait le sous-chef du district s'il y avait un chamane parmi eux. A ma grande surprise j'appris que le pauvre mari dont la première femme ne valait plus grand'chose et dont la seconde n'avait jamais rien valu était un chamane.

« Comment, lui dis-je, tu es chamane et tu ne sais pas choisir une compagne ! Tu commandes aux mauvais esprits et tu te laisses dominer par ta femme ! »

Et le brave homme, d'un ton convaincu, me répondit : « C'est plus facile de faire entendre raison à un mauvais esprit qu'à une femme. Quand une femme a quelque chose dans la tête on a beau la battre plusieurs fois, elle revient toujours à son idée.

— C'est peut-être que tu ne tapes pas assez fort ni assez longtemps, dit gravement un vieillard qui nous écoutait. »

Une des plus grandes occupations des Toungouses est l'élevage du renne. Cet animal a le grand avantage de ne coûter presque rien à son propriétaire; pendant l'été, il se nourrit de feuilles et de mousses; l'hiver, l'instinct le guide et lui fait découvrir sous la neige les quelques brins d'herbe qui l'empêcheront de mourir de faim. Les rennes se multiplient très vite; une femelle porte dès l'âge de trois ans et quelquefois, mais rarement, après l'âge de seize ans. Les indigènes conservent toutes les femelles, un troupeau même nombreux ne contient jamais que quelques mâles; ceux-ci se livrent des combats terribles et luttent parfois jusqu'à ce que mort s'ensuive. Agés de quatre semaines, les petits savent déjà trouver leur nourriture. Le pelage change de couleur pendant l'année : la robe d'hiver est très épaisse et très chaude. Les bois tombent en automne. En été les rennes ont beaucoup à souffrir des guêpes qui font leurs nids dans leur fourrure; leur peau est alors percée de petits trous. Une bonne peau de renne vaut de trois à quatre roubles.

C'est un vieux Toungouse du nom de Koungoune qui me donnait un jour ces détails.

« As-tu beaucoup de rennes chez toi? me demanda-t-il. — Nous n'en avons pas. — Mais tu as des chiens pour ton traîneau? — Pas de chiens non plus. — Alors tu vas à pied toujours? Tu habites un bien triste pays, me dit le sauvage convaincu. » J'entendis quelques moments après un soldat qui m'accompagnait raconter à Koungoune une conversation que nous avions eue la veille.

« Dans le pays du maître, lui disait-il, il paraît que les voitures marchent toutes seules. Que dis-tu de ce pays, Koungoune ?

— Je dis surtout que c'est un pays où l'on ment, » dit le sauvage en allumant une longue pipe qu'il tira de sa ceinture. Il lança quelques bouffées; le soldat très perplexe se grattait la tête : « Oh! tu as peut-être raison, déclara-t-il, les étrangers sont des Barbares qui ne disent pas toujours la vérité! » Puis il ajouta : « Passe-moi ta pipe. » Et tous les deux restèrent silencieux, assis au bord d'un large torrent, savourant tour à tour à la même pipe les plaisirs du tabac.

CHAPITRE XV

LA RÉGION DE NERTCHINSK

Mines et sables aurifères. — Nertchinsk. — Srétensk. — Les colons. — Le futur chemin de fer de l'Amour. — La navigation sur le fleuve. — L'hospitalité russe.

Je ne devais plus rencontrer aucun sauvage, Toungouse ou Bouriate, dans la dernière région de la province qui me restait à visiter. La partie orientale de Transbaïkalie où je me rendais porte un nom tristement célèbre : c'est la région de Nertchinsk. C'est là que se trouvent les mines où tant de forçats ont expié si durement leurs crimes, où tant de condamnés politiques ont connu les pires souffrances. Que de fois lorsque je voyageais parmi les déportés, dans l'île du bagne, à Sakhaline, ceux-ci m'ont parlé de Nertchinsk avec terreur!

Il y a dans cette région de nombreuses prisons dont le nom est bien connu : Zarentouïsk, Maltsevsk, Kadaïnsk, Koutoumarsk, Algatchinsk, Pakrovsk, Alexandrovsk pour les vieillards déportés, Akatouisk où souffrirent tant de condamnés d'État. Dans chaque prison la population est d'environ 2 500 hommes qui travaillent aux plus durs travaux. Ils reçoivent un dixième des sommes gagnées par leur labeur. Après avoir subi leur peine, les forçats deviennent déportés à vie. Ils restent dans la province, ont leur maison et leur ménage et sont les pires et très dangereux voisins pour tous les honnêtes gens. Il y a plus de 17 000 déportés, la plupart disséminés à travers toute la Transbaïkalie. On habite à côté d'eux sans se douter d'où ils viennent.

Les routes qui conduisent à Nertchinski-Zavod, qui est le chef-lieu du district minier, étaient, lorsque je les parcourus, très mauvaises. Dans les relais où l'on ne trouvait guère que du pain et des œufs, la saleté était grande et les punaises nombreuses. J'y ai connu les plus mauvaises voitures de Sibérie. Si elles ne tombaient pas en ruines c'était grâce à un système ingénieux de cordes et de ficelles retenant tant bien que mal les parties cassées.

Les mines d'argent de Nertchinsk sont exploitées depuis longtemps : le travail y commença au début du XVIIe siècle et, de 1763 à 1786, on crut qu'elles seraient inépuisables; dans cette période, on fondait chaque année plus de dix mille kilogrammes d'argent. Ce fut l'époque florissante entre toutes ; dans les quarante premières années du XIXe siècle, la moyenne annuelle ne fut que de cinq mille kilogrammes. En 1846 elle tomba à trois mille. Le nombre des ouvriers diminua beaucoup lorsque le général-gouverneur Mouraviev, forcé par la nécessité d'occuper et de peupler le bassin de l'Amour, fit changer en troupes cosaques les serfs attachés à l'usine. Bientôt la production des mines cessa complètement. Depuis 1870 elle a repris; dix mines d'argent plombifère sont en exploitation. 500 ouvriers produisent annuellement 800 kilogrammes de métal d'une valeur d'environ 550 000 francs. La réserve des minerais d'argent est encore considérable. Un fait d'une grande importance économique retarda la renaissance de l'extraction de l'argent : on découvrit dans la région de riches placers de sables aurifères dont l'exploitation plus rémunératrice draina à elle les ouvriers. Les placers qui dépendent de l'administration du Cabinet impérial sont nombreux dans quatre districts de la province; on exploite ceux des rives de l'Onon, de l'Ingoda, de la Nertcha, du Gazimoure et de la Chilka. Cinq mille mineurs y travaillent et en tirent chaque année près de trois mille kilogrammes d'or.

Les deux villes principales de la région sont Nertchinsk et Srétensk; cette dernière, la moins importante jadis, prend chaque année un plus grand développement. Toutes deux sont situées sur la

Chilka. Nertchinsk est une ville de 8 000 habitants, bâtie en bois, peu intéressante, mais dans laquelle se trouvent quelques maisons de commerce florissantes. Des marchands très riches s'y firent construire de véritables palais. Elle est située à 88 kilomètres de Srétensk. Des vapeurs de dimension moyenne, vieux et sales, font le service entre les deux villes. 30 kilomètres avant Srétensk, à Baïan, une importante fabrique de ciment produit chaque année 40 000 tonnes; on trouve la pierre calcaire à 12 kilomètres de la fabrique, de l'argile à 25; le gypse vient d'Irkoutsk; les machines et les instruments ont tous été fabriqués en Allemagne.

Srétensk qui n'avait en 1897, à l'époque du recensement, que 1 710 habitants, en compte aujourd'hui plus de 10 000; une grande animation y règne pendant la période de la navigation; alors les ouvriers affluent, la population double, des représentants de commerce viennent des grands centres. Malheureusement la ville a une administration cosaque qui ne rend pas facile son développement. Elle comprend d'importants moulins, des fabriques de savon, des pelleteries, etc. Le transit très considérable y a augmenté d'année en année.

Le Transsibérien devait, dans le projet initial, suivre la Chilka et le fleuve Amour pour rejoindre à Khabarovsk le chemin de fer de l'Oussouri. On construisit la ligne jusqu'à Srétensk, mais les travaux furent arrêtés lorsqu'on s'avisa qu'il serait plus avantageux et plus utile de ne pas contourner le fleuve Amour pour gagner Vladivostok, mais bien de passer à travers la Mandchourie, par ce qu'on appela le Transmandchourien. Bien des espoirs furent ainsi déçus. Croyant à la création d'une voie ferrée sur la rive gauche du fleuve Amour des commerçants russes et étrangers avaient déjà fondé de grandes maisons de commerce dans les villes importantes. On parlait, pour y remédier, de tracer une route carrossable le long du fleuve Amour, mais on calcula quelle serait la somme nécessaire, et on la jugea trop considérable ; la route n'aurait pu servir qu'en été. Restait donc le fleuve. L'hiver, il est pris par les glaces et le pays est couvert de neige. A certaines époques il y a très peu d'eau et le voyage sur la Chilka qui, après son confluent avec l'Argoun, devient l'Amour, est souvent pénible, parfois dangereux. La Chilka coule après Srétensk dans une vallée pittoresque encaissée entre des montagnes presque toujours à pic. Son lit est alors rempli d'écueils et quand les eaux sont basses, les bateaux s'arrêtent sur des rochers. J'ai descendu deux fois le fleuve et chaque fois les accidents ont été nombreux, sinon graves. Souvent un matelot à l'avant du bateau devait sonder ; la nuit, nous restions à l'ancre devant l'un des endroits où nous pouvions embarquer le bois nécessaire à la machine. Trois points sont également redoutables : Oustkara où les eaux pendant la saison sèche n'ont que deux pieds un quart de profondeur; Sobobra deux pieds trois quarts; Anikinsk deux. Les capitaines craignent ces dangereux parages, surtout en octobre; à cette époque les bateaux qui échouent risquent d'être immobilisés et forcés d'hiverner loin de leur port d'attache. On échoue bien souvent et j'en sais quelque chose; lors de mon premier voyage, notre gouvernail fut brisé et nous restâmes plusieurs jours à attendre le passage d'un remorqueur. Un autre obstacle à la navigation vient des brouillards épais qui, du 15 septembre à la fin de septembre, couvrent le fleuve d'une obscurité complète, parfois jusqu'à dix heures du matin.

La navigation sur le fleuve Amour fut inaugurée en 1846 et l'on peut dire que depuis cette date, le nombre des bateaux et des voyageurs et la quantité des marchandises ont été toujours en augmentant. Cette navigation commence généralement assez tard; c'est entre le 24 avril et le 8 mai que le fleuve devient libre de glaces; il est pris par elles dans le milieu de novembre; ces glaces sont parfois très épaisses. Dans les pays de la Transbaïkalie traversés par le fleuve, qui porte encore le nom de Chilka, la neige est très peu abondante et le froid excessif. Heureusement les pluies de l'été (plus de 220 m/m) sont beaucoup plus fréquentes que celles de la Sibérie proprement dite; grâce à cela les récoltes sont bonnes et la province a pu être longtemps regardée comme le grenier d'abondance de la région de l'Amour.

Sur les bords de la Chilka la flore apparaît différente de celle des autres parties de la Sibérie; les arbres eux-mêmes présentent de frappantes dissemblances qui s'accusent de plus en plus à mesure qu'on s'approche de l'océan Pacifique. Les buissons sont plus originaux encore que les arbres; on compte une quarantaine d'espèces nouvelles et l'on voit apparaître bientôt la vigne sauvage et une jolie plante grimpante aux fleurs odorantes rose pâle et à fruits rouges.

L'agriculture a pris dans la région de l'Amour une grande importance; les colons y trouvent cependant des difficultés qu'ils ne rencontrent nulle part ailleurs en Sibérie : la surabondance d'humidité agit défavorablement sur l'agriculture et cette influence fâcheuse est accentuée encore par la couverture herbeuse du sol. Tous les pays situés au pied des chaînes montagneuses sont tapissés de hautes herbes et leurs flancs couverts de bois qui retiennent l'humidité, aussi le sol ne sèche-t-il jamais et les marais succèdent aux marais.

Cette humidité ruine les récoltes : le blé pousse en herbe; de loin il paraît beau, mais les épis ne contiennent pas de grains. D'autres fois, les grains abondants sont couverts de champignons minuscules : les paysans disent alors que le blé est « ivre », il a bu trop d'eau; un tel blé est toujours refusé par les bestiaux, qui n'y veulent point toucher, et le pain qu'on en tire rend malades ceux qui le mangent. Pour remédier à l'humidité du sol, les paysans mettent le feu aux grands roseaux qui couvrent les terres, et ces incendies volontaires, qui apparaissent pendant la nuit, ne laissent pas de surprendre le voyageur non prévenu. Malgré cette infériorité du sol, les émigrants se rendent nombreux dans la province de l'Amour; les uns sont amenés d'Odessa par les bateaux de la flotte volontaire; les autres traversent toute la Sibérie. Bien souvent en descendant l'Amour, j'ai rencontré des radeaux sur lesquels vivaient des émigrants qui voyageaient en groupe avec leurs bagages, leurs chevaux et leurs voitures; la navigation leur semblait douce après les fatigues endurées dans les trains où ces futurs colons avaient été entassés les uns sur les autres.

Depuis la guerre russo-japonaise, la construction du chemin de fer de l'Amour a été de nouveau discutée. Si la ligne de Kharbine à Port-Arthur est japonaise, celle de Kharbine à Vladivostok est restée russe, mais elle traverse un pays chinois où les soldats et le matériel de guerre ne peuvent passer en vertu du traité de Portsmouth. Il a semblé avec raison à la Douma que la construction de la ligne amourienne s'imposait stratégiquement et économiquement à la fois. Le projet étudié de 1893 à 1895 a été repris et les crédits nécessaires ont été votés. Il s'agit pour la Russie d'une entreprise difficile et coûteuse. La ligne nouvelle aura 2100 kilomètres de longueur. Les grands ouvrages d'art y seront nombreux; il faudra gravir ou percer des montagnes, jeter des ponts sur des rivières dont plusieurs ont la largeur des grands fleuves. Les devis annoncent que la somme nécessaire sera au moins de 550 millions de francs et on se souvient que dans toutes les prévisions du Transsibérien les estimations ont été toujours insuffisantes. Les ingénieurs eux-mêmes l'avouent. Les vallées sont la plupart très étroites, les inondations fréquentes, la voie devra être souvent surélevée et consolidée. Entre Srétensk et Pokrovka, il faudra la tailler dans le rocher même, au flanc des montagnes presque inaccessibles qui se dressent le long du fleuve.

On croit qu'il faudra dix ans pour construire la voie ferrée. Les adversaires du projet ont déclaré hautement que pendant de longues années le déficit de la ligne serait considérable; ils ont même prétendu qu'il arriverait à six millions par an. La Transbaïkalie, d'après eux, dans la région boisée et montagneuse que la voie traversera, ne donnera lieu à aucun trafic sérieux; elle n'atteindra les terres productives et fécondes en récoltes et les mines exploitables que dans les bassins de la Zeïa et de la Boureia; ils ajoutent que la route fluviale est suffisante pour les besoins de toute la région. Mais la Douma a pensé le contraire et s'est rendue aux raisons économiques et stratégiques qu'a exposées avec conviction M. Stolypine.

L'avenir commercial de Srétensk semble donc assuré et dans quelques années la ville sera sans doute très importante. Je la quittai avec un des derniers bateaux qui devaient, avant l'hiver, faire le service sur le fleuve. J'abandonnai mes amis bouriates que je devais retrouver quelques mois plus tard après un séjour d'études en Extrême-Orient. Les eaux étaient très basses et pour passer plus sûrement, on avait mis les passagers sur un grand bateau sans machine que tirait un remorqueur. Dès le premier jour le voyage fut pénible, nous devions sonder; plusieurs fois nous heurtâmes désagréablement le fond du fleuve. La Chilka coulait entre des montagnes pittoresques à souhait, nous ne voyions jamais d'habitations sauf aux stations où nous embarquions du combustible. Ces arrêts étaient très amusants. Tous les passagers s'ébattaient sur le rivage. Les jeunes gens s'en allaient flirter dans les bois, des familles autour d'un samovar goûtaient à l'ombre des bouleaux et des merisiers sauvages. Toutes les cabines étaient bondées, il y avait de tout à bord... même des picpokets. Un marchand juif avait habilement exploré les poches des passagères : des matelots le traînèrent sur le pont. Il se défendit en criant lui-même : au voleur!

Le second jour nous aperçûmes un vapeur échoué; son capitaine avait cherché en vain le moyen de le renflouer : il barrait de toute sa longueur le milieu de la rivière. Nous nous arrêtâmes; des barques allèrent sonder de chaque côté du bateau dans le but de trouver un passage; si nous échouions à notre tour, nous risquions d'être pris par les glaces qui devaient apparaître prochainement; nous avançâmes lentement; le bateau échoué fut enfin laissé derrière nous et les passagers poussèrent un cri de joie, qui fut d'ailleurs vite étouffé : le remorqueur qui nous traînait s'était arrêté à son tour et ses roues tournaient désespérément sans qu'il avançât. Emporté par le courant, notre bateau vint le heurter flanc contre flanc; les deux coques gémirent bruyamment, le coup avait été si fort que le remorqueur passa par-dessus le rocher sur lequel il reposait et nous pûmes continuer notre route; mais le bateau faisait eau, les pompes fonctionnèrent souvent et sur le pont quelques cabines avaient été démolies.

Dans de telles conditions nous arrivâmes à Blagovestchensk avec trois jours de retard, affamés, car depuis deux jours nous n'avions presque pas mangé, les provisions du buvetier étant épuisées. Il était dix heures du soir, la nuit était noire, le capitaine nous offrit de coucher à bord. Nous refusâmes tous énergiquement. Nous voulions manger à tout prix. Nous étions devenus féroces : des passagers de qualité, des fonctionnaires et un général, déclaraient qu'ils se plaindraient par lettre au Ministre de la disette dont on avait souffert. Tous nous promîmes de signer la protestation. Mais quand ils n'ont plus faim, les loups restent dans leurs bois. Deux heures plus tard, dans un hôtel où nous avions bien dîné, nous prenions joyeusement notre thé en fumant des cigarettes, tandis que les passagères jouaient du piano.

« Et notre plainte? dis-je alors.

— Oh! répondit le général, maintenant qu'on a bu et mangé, la vie semble bonne. Nous avons connu de mauvaises journées, c'est vrai, mais pourquoi se plaindre? Et, d'ailleurs, ne serait-il pas injuste que les passagers qui voyageront l'an prochain soient mieux traités que nous ne l'avons été? »

Ce raisonnement avait mis tout le monde d'accord et les passagers de l'année suivante ont peut-être fait à leur tour un très désagréable voyage...

Et le soir seul dans ma chambre, je pensais aux

mois si vite passés au milieu des Bouriates, aux belles nuits de la grande steppe, aux excursions dans les montagnes et à ceux dont j'ai le moins parlé dans mon récit, aux Russes dont l'œuvre en Transbaïkalie est grande et utile malgré les critiques que j'ai pu leur adresser, critiques de détails d'ailleurs, car en Sibérie le sentiment qu'on ressent avant tout est l'admiration pour le peuple qui a su réveiller un pays qu'on croyait mort et accomplir le plus gigantesque travail de la fin du XIXe siècle, le merveilleux Transsibérien, qui a porté la vie et la civilisation dans toute une partie du monde.

Le sentiment que je ressentais pour les Russes n'était pas seulement fait d'admiration, mais de sympathie très douce et de sincère reconnaissance. Je n'ai pu dire dans mon livre toutes mes aventures. Que de fois dans les relais, quand je changeais mes chevaux, j'ai rencontré de braves gens, officiers, fonctionnaires ou marchands; la connaissance était bientôt faite et l'on voyageait ensemble jusqu'au relais suivant. Dès que nous atteignions l'endroit où je pensais passer la nuit : « Venez chez moi, me disait mon compagnon de route, ne faites pas de cérémonies. Qu'est-ce que vous feriez à l'auberge, elle est affreuse, dégoûtante, vous serez volé par le garçon, empoisonné par le cuisinier et la nuit vous trouverez dans votre lit de grosses punaises, d'énormes punaises;

on vous nourrira très mal et vous serez dévoré! »

Presque toujours, me rappelant les luttes désespérées que j'avais dû soutenir souvent contre les terribles insectes sibériens, j'acceptais l'invitation. Mon compagnon me conduisait dans sa maison où tous me faisaient fête et m'accueillaient en ami. A ce point de vue, presque tous les Russes, pauvres ou riches, se ressemblent, et le moins fortuné n'a pas à s'excuser du peu qu'il donne, car il offre tout ce qu'il a, et si gentiment!

Le soir les amis, les voisins se réunissaient chez mon hôte d'un jour, et de bonnes et charmantes causeries commençaient à côté du samovar qui chantait sur une table couverte de gâteaux, de confitures et de bonbons. Et le lendemain, j'étais sûr de trouver mon tarantas garnis de petits paquets, provisions de bouche qu'une bonne hôtesse avait eu la gracieuseté de préparer, sachant que longue serait ma route dans la montagne ou à travers la steppe.

« Vous nous apportez, me disait-on parfois, un peu d'air d'Europe, et vous êtes pour cela doublement le bienvenu! »

La vie es dure en effet pour ces exilés volontaires qui ont courageusement quitté la Russie d'Europe, pour aller gagner par un séjour en Sibérie un grade de plus et un avantage pour la retraite. Plus d'un m'a dit, la larme à l'œil, les tristesses des séparations, car souvent les plus aimés de la famille, le père malade, la vieille et chère maman sont restés en Russie; chaque jour on pense à eux, à la bonne vie du passé, aux tendresses connues dans une heureuse enfance. Retrouvera-t-on tous ceux qu'on aime en revenant au pays natal? Il faut trois mois, quatre même pour avoir une réponse d'eux, et les lettres souvent se perdent, on cesse parfois d'écrire, on vit sans nouvelles, mais on aime à parler du passé, des parents quittés, de tous les chers et vieux souvenirs et les confidences sont nombreuses et touchantes que le voyageur qui passe entend à chaque pas sur sa route!

Les Russes qui m'ont accueilli en Sibérie font de l'hospitalité une chose très douce, et cela je ne pourrai jamais l'oublier!

CHAPITRE XVI

LA VEILLÉE DU TSAME

Les esprits et le diable du Baïkal. — Le retour au lac des Oies. — La veillée en prières. — La nuit de méditations. — L'arrivée d'un dieu. — M. et Mme Nima.

PENDANT l'hiver qui suivit mon premier séjour dans les monastères des lamas, je fis des études en Sibérie orientale et en Mandchourie, puis je traversai à nouveau, mais cette fois de l'est à l'ouest, la Transbaïkalie; je ne m'arrêtai qu'à Tchita et au monastère d'Aga où tous les lamas me firent fête. Je parcourus ensuite pendant plusieurs mois la province d'Irkoutsk où je visitai le très pauvre monastère d'Alar.

Le Khambo-Lama m'avait invité à assister au Tsame, la grande fête des lamas qui se célèbre chaque année au monastère du lac des Oies et, le 15 juillet, je me retrouvai par un merveilleux jour d'été devant le lac Baïkal.

« Le lac n'est pas toujours calme comme aujourd'hui, me disait un Mongol avec lequel j'avais fait connaissance et qui comme moi, attendait le bateau.

Il n'y a pas que des poissons dans le lac, il y a aussi de très mauvais esprits, que gouverne Oulane-Khat, le génie si redouté des pêcheurs. C'est lui qui déchaîne les tempêtes, brise les barques contre les rochers et entraîne les matelots dans des gouffres affreux!

— Imbécile de sauvage! me dit alors un soldat cosaque qui nous écoutait. Il est vraiment trop bête! il croit aux esprits! » Et avec conviction, le Cosaque ajouta : « Il n'y a pas d'esprits dans le lac Baïkal : c'est un diable qui vit au fond des eaux! »

Habité ou non par un diable, le lac était superbe. Il avait la couleur du saphir et sa surface immense s'étendait devant nous sans une ride. La rive occidentale était couverte de forêts de noirs sapins parmi lesquels des érables et des bouleaux mettaient des tons de pourpre et d'argent. A nos pieds l'Angara s'échappait rapide et coulait entre des bords escarpés, dans une brèche qu'un géant, dit la légende, a largement ouverte d'un seul coup dans la montagne.

Le bateau partit enfin et bientôt la rive orientale apparut avec ses sommets dont les neiges étincelaient au soleil et ses forêts sombres qu'estompaient des vapeurs violettes. Puis le train nous emmena le long du lac Baïkal à travers les sapins et les bouleaux; la ligne suivit ensuite la vallée

DAMES BOURIATES EN GRAND COSTUME DE SOIE BROCHÉE AVEC LEURS PARURES D'ARGENT, DE CORAIL, DE TURQUOISES, DE TOPAZES ET D'AMÉTHYSTES.

marécageuse de la Sélenga et j'aperçus une fois encore la ville de Verkhné-Oudinsk. Je repris la route de Sélenguinsk en compagnie d'un aimable chirurgien d'Irkoutsk, le Dr Bergmann, qu'on avait appelé en toute hâte à Kiakhta. Nous voyagions rapidement. Plus d'arrêts sur ma route, plus de causeries sous les yourtes ou dans la steppe au clair de lune autour d'un samovar fumant, plus de flâneries à la belle étoile devant la tente d'un nomade; j'étais pressé d'arriver au lac des Oies pour voir cette fête dont j'avais beaucoup entendu parler et que je savais si curieuse.

On me fit fête à mon arrivée au monastère.

Le Khambo-Lama m'attendait et m'accueillit comme un vieil ami. Il m'invita à descendre dans sa maison où se trouvait déjà un jeune et très distingué professeur de Saint-Pétersbourg, M. Roudniev, qui parlait à merveille la langue mongole. Les lamas et les élèves que j'avais connus, vinrent tour à tour me serrer la main; seul, et j'en étais désolé, mon ami Dylguiriov n'était pas là. Iroltouiev l'avait chargé d'une mission et le brave homme était parti en voyage. Un autre aussi manquait que j'aurais bien voulu revoir : le vieux Soubourgaiev qui était mort épuisé par l'âge, vaincu par la souffrance.

La fête du Tsame avait lieu le lendemain. Mais elle était précédée, pour les moines, d'une veillée de prières et de méditations à laquelle je ne voulais pas manquer d'assister.

La nuit était tombée quand j'entrai dans le temple; les statues, les dieux d'or et d'argent resplendissaient; des fumées montaient devant eux, des herbes précieuses se consumaient lentement dans les vases sacrés, emplissant la salle de parfums lourds et pénétrants. Partout flottaient des étendards et des oriflammes, des lamas en grand costume priaient, tous les élèves du monastère étaient présents, coiffés d'énormes et larges chapeaux jaunes, des instruments faisaient entendre une musique variée, de longs récitatifs succédaient solennellement à des chants joyeux. Quelquefois tout se taisait et du coin sombre où je m'étais réfugié, je voyais les maîtres et les élèves s'incliner profondément; un silence mystérieux régnait alors dans le vaste temple, et seuls, les grands étendards se balançaient lentement, agités par le mouvement que faisait pour se prosterner la foule des moines et des croyants.

Des jeunes gens cependant passaient silencieusement au milieu des assistants et leur offraient un peu de nourriture; depuis longtemps les moines et les élèves priaient, ils avaient besoin de se restaurer, car la journée du Tsame est toujours fatigante pour eux. Les prières et les chants devaient durer toute la nuit sous la présidence du tsordji

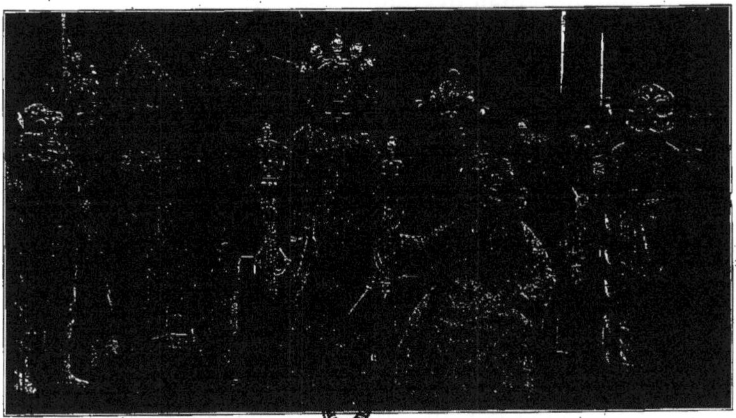

QUELQUES MASQUES DE LA FÊTE DU TSAME, ENTOURANT LE « VIEILLARD BLANC ».

qui, le bras nu, était assis à la place d'honneur.

Lorsqu'on me réveilla à trois heures, l'aurore s'annonçait déjà : le chant des lamas et le bruit des instruments remplissaient les airs. Dans le temple rien ne me parut changé; il me sembla que pas un des assistants n'avait quitté sa place pendant la nuit qui venait de s'écouler. Aucun étranger n'était là, les Russes venus nombreux pour assister au Tsame dormaient tous encore. J'étais seul au milieu des Bouriates.

Un lama avait cependant fermé la porte d'entrée. Tout à coup on y frappa bruyamment, un mouvement se fit au milieu des assistants qui cessèrent de chanter, et la musique s'arrêta brusquement. Les coups retentirent à nouveau, plus forts, plus impérieux. Un lama se leva, ouvrit et recula comme épouvanté : une apparition terrible se montrait à nous. Un des dieux de la fête du Tsame entra, il était revêtu d'un costume de soie et portait un énorme chapelet; sa face était noire, sa langue couleur d'amadou sortait droite comme un dard; ses yeux avaient les reflets du sang. Autour de son front des têtes de morts grimaçaient. Il s'avançait lentement et ses voisins feignaient l'épouvante. Les lamas cependant lui apportaient des offrandes et lui présentaient un peu de nourriture. Le dieu semblait apprécier toutes ces politesses et, satisfait, il se mit lentement à danser au milieu de l'allée centrale; sa danse était un peu barbare, ses mouvements très brusques ne manquaient pourtant pas de souplesse. Il avait parfois des familiarités qui troublaient les assistants; il approchait d'eux sa face noire et grimaçante; les plus jeunes élèves qui connaissaient pourtant celui qui avait revêtu ce masque épouvantable, se sentaient un peu effrayés, instinctivement. Mon domestique Guérasime, qui venait d'entrer et qui voulait venir à mes côtés, reculait d'un pas chaque fois que le dieu semblait s'approcher de lui.

Après cette sorte de préambule, les moines et leurs élèves prirent un peu de repos. La fête devait commencer vers dix heures, et j'eus le temps de causer avec le gouverneur de la province, avec Iroltouiev, avec tous mes amis russes ou bouriates. De tous côtés des Mongols arrivaient, tous en grande toilette. Un groupe soudain me croisa, où l'on prononça joyeusement mon nom et Nima, mon ami Nima, se précipita vers moi. Après m'avoir dit d'aimables compliments, Nima s'écria :

« Je ne suis pas moine comme vous pouviez vous y attendre; ma vie, ma situation, tout a changé, je suis marié depuis six mois et aujourd'hui, je suis ici avec ma femme! »

Mme Nima, mes lecteurs l'ont deviné, c'était Dara, la gentille petite Dara, toujours jolie et gracieuse qui m'apercevant, accourait en riant, couverte d'une robe de soie bleue ornée de dessins d'argent, de lourds colliers de corail au cou et coiffée d'un grand diadème paré de turquoises et d'améthystes qui rendait son visage plus drôle et plus original. « Et, dis-je en riant, en contemplant la taille de Dara, pas encore d'espérances? — Oh! s'écria Nima, nous avons un fils depuis un mois! » Je regardai en faisant un geste de surprise et de félicitations la petite Dara qui, toute rougissante, me dit :

« Oh! il y a quelque temps déjà que nous pensions à lui! »

Et cette pensée n'avait pas dû être sans agrément, car Nima s'était mis à rire très gaiement; je retrouvais bien le gamin que j'avais connu. Il m'expliqua alors qu'il avait hérité, qu'il était riche, qu'il comptait sur ma visite prochaine, mais notre conversation fut interrompue; le Khambo-Lama me faisait chercher et je serrai la main de mes deux amis en leur promettant d'aller les revoir. J'entrai alors dans la vaste cour du temple : le Tsame allait commencer.

CHAPITRE XVII

LA FÊTE DU TSAME

La cour du monastère. — Les tentes et le public. — Les bons et le mauvais esprit. — Les dieux et les danses. — L'incendie de l'offrande.

DEVANT la porte du grand temple, une tente, en forme d'allée couverte, avait été dressée, ornée d'étoffes et de draperies d'or; les diverses incarnations de Bouddha qui prennent part à la fête tour à tour devaient y passer avant de se montrer au public. Dans la cour tout un peuple était réuni, un vaste espace avait été laissé pour les danses et pour l'évolution des masques; autour, les assistants formaient le cercle.

A droite de la sortie du datsane, sous une tente couverte entièrement d'étoffes d'un jaune ardent, trônait le Khambo-Lama en grand costume, entouré des moines principaux et de tous ses élèves, habillés de leurs robes jaunes, une grande écharpe de pourpre drapée sur l'épaule, et coiffés d'indescriptibles chapeaux. Puis venaient les tentes des lamas et des musiciens. A gauche, faisant pendant à celle du Khambo-Lama, se dressait bleu ciel la tente du gouverneur de la province, entouré de fonctionnaires et d'officiers; à côté d'elle était celle des taïchas, chefs des tribus bouriates, qui avaient fait assaut d'élégance et portaient des robes en étoffes précieuses : soie brochée rouge, violette, bleue, ornées parfois de broderies d'argent. Tous les Bouriates avaient mis leurs plus beaux habits, les femmes étaient couvertes de parures; parmi les bijoux, le corail dominait, mais il y avait aussi beaucoup d'améthystes et de topazes, des turquoises, des aigues marines et des tourmalines. Quelques-unes portaient des robes de soie admirables et très vieilles, avec des colliers qui étaient de vraies œuvres d'art, et dont sans doute leurs arrière-grand'mères s'étaient parées jadis.

La tenue du public était parfaite; seuls, quelques Russes avaient pensé qu'une grande fête ne se célèbre pas sans beaucoup d'eau-de-vie et se faisaient assez déplaisamment remarquer. De gros nuages à l'horizon nous annonçaient un orage prochain, la chaleur était accablante, mais sur nos têtes le ciel se montrait bleu et les rayons du soleil qui tombaient sur le temple en rendaient la blancheur éblouissante.

La musique cependant commençait très douce et très spéciale. Des lamas et des élèves sortirent du datsane, les uns tenaient des instruments de

LA FÊTE DU TSAME : DANSE DE DJANSREMO, LE CONSERVATEUR DE LA FOI ET DE SES COMPAGNONS.
LA TÊTE DU DIEU EST ORNÉE DE DRAPEAUX.

musique de formes très variées et de sonorité souvent agréable autant qu'étrange, les autres portaient des objets dont on devait se servir au cours de la cérémonie. Un lama lentement s'avançait : il avait sur ses mains la *sora*, l'offrande offerte aux dieux, sorte de pyramide triangulaire dont la partie supérieure avait la forme d'un crâne humain, et dont les arêtes étaient peintes en rouge. Gravement le lama la déposa sous une sorte de baldaquin qu'on avait placé juste au milieu de la cour. Tout près d'elle, à terre, un autre moine étendit une peau de tigre.

L'orchestre joua un air plus vif et deux êtres étranges sortirent du temple; ils avaient tous deux le même costume blanc et très collant, le même masque blanc d'homme chauve et portaient des petits bâtons en forme de vis et de grandes cannes; c'étaient les Khokhimaï, génies bienfaisants qui combattent et domptent les mauvais esprits; leur présence à la fête du Tsame apporte à tous joie et bénédictions. Ils firent en dansant le tour du baldaquin, échangèrent joyeusement leurs cannes avec lesquelles ils faisaient des moulinets rapides, et brusquement ils s'arrêtèrent debout sur un pied; un être plus extraordinaire encore, rapide et rampant, s'avançait, côtoyant le public, comme s'il désirait n'être pas vu par les Khokhimaï : c'était le Tchjarok, vêtu lui aussi d'un vêtement très collant, mais tout noir, aussi noir que son masque, « moins noir pourtant que son âme, » me dit tout bas un lama. « Le Tchjarok, ajouta-t-il, c'est le corbeau voleur des légendes sous la forme duquel se cachent les esprits malfaisants[1]. »

Le Tchjarok, avec une agilité surprenante, bondit jusqu'au baldaquin pour voler et dévorer la sora, mais les deux masques qui la défendaient avaient, de leurs longues cannes blanches, écarté leur redoutable ennemi. Et pendant tout le temps que dura la fête, les Khokhimaï durent veiller, car dès que leur attention fatiguée s'endormait, l'esprit noir, agile et rapide, se précipitait vers l'offrande. Et le public applaudissait lorsque la victoire restait aux bons génies et il riait bruyamment lorsque les cannes blanches frappaient un peu rudement le trop audacieux Tchjarok.

De vieux lamas m'ont raconté que ce n'était pas très agréable jadis d'être l'esprit mauvais. Ainsi que dans nos mystères du Moyen âge où l'acteur qui jouait Judas était parfois emporté expirant, les Tchjaroks d'autrefois furent souvent roués de coups pour de bon et à la grande joie du peuple, grand enfant toujours cruel quand il s'amuse, et plus

1. On peut dire que le Tchjarok est l'esprit noir et malfaisant, le Khokhimaï l'esprit blanc et bienfaisant des vieilles légendes de la religion chamaniste. L'offrande, d'après quelques vieux lamas, représente l'animal qu'on immolait jadis.

Pl. 26, page 184.

FÊTE DU TSAME : LE BON ESPRIT, VÊTU DE BLANC, DÉFEND AU MAUVAIS ESPRIT D'APPROCHER DE L'OFFRANDE QUE CELUI-CI VOUDRAIT VOLER.

d'un acteur resta malade et infirme après la représentation.

« Il est vrai, disait un jour devant moi un moinillon, qu'il est beau de mourir pendant la fête du Tsame et d'être la victime des Khokhimaï bienfaisants : Bouddha vous en récompense plus tard!

— Oh! tu sais, s'écria le bon Dylguiriov avec beaucoup plus de bon sens, être rossé par un bon ou par un mauvais esprit, c'est toujours être rossé, et c'est toujours très désagréable! »

Cependant, suivi de ses six fils, le Khachine-Khan était sorti du temple et tous les sept, ils s'étaient assis devant la tente du gouverneur où je me trouvais. Ils faisaient face à l'offrande et nous tournaient le dos. Ils portaient des masques d'un jaune blanchâtre, dont l'expression était d'une bonhomie amusante; c'étaient, à n'en pas douter, de braves gens : il n'y avait qu'à les voir. Leur vêtement était blanc; chaque fils tenait un instrument différent : clochettes, tambour ou cymbales. Le père avait sur les mains un khadak et portait par-dessus son vêtement une courte veste jaune. Khachine-Khan est un roi mythologique qui, chaque année, m'expliquait un lama complaisant, descend sur terre à titre de laïque pour recevoir les dieux à leur sortie du temple et leur offrir les khadaks habituels.

Un son de trompe retentit tout à coup dans le

sanctuaire, il y eut comme une émotion frémissante par toute l'assemblée. Un second appel se fit entendre, les trompes et les tambours de l'orchestre lui répondirent, le roi mythologique, l'écharpe à la main, suivi de tous ses fils, s'avança vers le temple, et s'inclina profondément : Tchoïdjil, maître des enfers, était devant ses yeux.

Le maître des enfers, effrayant, portait un costume superbe. Son masque était une tête de buffle sauvage bleu foncé, avec des cornes énormes. Il avait trois yeux, le plus grand s'ouvrait entouré de rouge et d'or au milieu du front; sa langue énorme, rouge et feu, sortait horrible et pointue. Des voiles couvraient son vêtement de soie bleue, de grands chapelets pendaient à ses côtés, il portait des clochettes et une tiare; des crânes sinistres formaient un diadème à sa tête; mais Tchoïdjil n'est effrayant que parce qu'il est bon et favorable aux malheureux; son aspect terrible épouvante les mauvais esprits contre lesquels il ne cesse de lutter pour les écarter des hommes vertueux. Tchoïdjil brandit un poignard à la lame triangulaire; ce geste appelait ses deux compagnons qui s'avancèrent avec leurs masques rouges comme le sang; avec leurs yeux qui sortaient des orbites, leurs dents qui, comme des crocs formidables, s'allongeaient entrecroisées et leur langue épaisse qui pendait lamentablement de leur bouche. Ils

FÊTE DU TSAME : LE KHADAK, ÉCHARPE DE SOIE BLEUE OFFERTE PAR LE ROI MYTHOLOGIQUE A CHAQUE DIEU SORTANT DU TEMPLE.

dansèrent lourds et insolents, sur une musique vive et bruyante, et plus d'un enfant dans l'assistance frémissait et criait d'épouvante, quand il voyait passer trop près de lui le maître des enfers.

Et le roi mythologique allait porter l'écharpe de soie bleue aux dieux qui s'avançaient deux par deux; tous avaient des costumes étranges, quelques-uns étaient admirables. Chava était entré avec sa tête blanche de cerf maral et son vêtement blanc en compagnie de Makhei à la tête de buffle et à la robe bleu foncé, tous deux couverts de voiles, de clochettes et de chapelets. Ils dansèrent sur un motif très alerte, ils étaient eux aussi les aides du roi des enfers; à la fin de la danse, des lamas se précipitèrent vers eux pour les soutenir, tellement ils étaient épuisés par les mouvements violents qu'ils avaient faits. D'autres lamas cependant se promenaient en jetant dans l'assistance des morceaux de fromage.

Mais la trompe retentit à nouveau et cette fois apparut le dieu Chadgor, celui qui donne la puissance et organise les choses de la foi; il tenait un sceptre et un calice, son masque était bleu de ciel; après lui s'avança Gonbo que les Bouriates appellent Otchervani; son masque terrible était bleu de ciel lui aussi; il tenait le *digouk*, sorte de hache dans une main et dans l'autre une *kabala*, coupe dont le fond est fait avec un crâne humain. Il dansa une danse très noble et très majestueuse pendant que les lamas recueillaient en passant dans le public les écharpes de soie qu'on lui offrait.

Tour à tour cependant se montrèrent Lkhamo, le dieu qui délivre des maladies et écarte les épidémies, vêtu de bleu et de marron, portant des crânes dans les mains, accompagné de deux suivants, le premier à la tête de lion rugissant, le second semblable à un poisson monstrueux, puis Dordjé Badane qui tenait une flèche à la main, et qu'accompagnent sa femme, son fils et deux hérauts porteurs de sabres et de boucliers, habillés les uns en bleu, les autres en vert, et enfin, vêtus de superbes robes, trois dieux semblables au lion, à l'ours et à la panthère. Puis Gongor et Namsraï se présentèrent au public, le premier blanc et terrible, le second avec une expression charmante de joie et de repos sur sa face dorée Ils portaient du lait et des choses précieuses et Namsraï tenait dans sa main la souris qui est le signe de la richesse.

Huit jeunes garçons vêtus de rouge, avec de larges miroirs de métal sur la poitrine, dansèrent alors, précédant Djansremg, le célèbre conducteur et conservateur de la foi qui, habillé de rouge, un grand miroir sur la poitrine, un sabre dans une main, un coussin en forme de cœur dans l'autre, donne aux hommes la force et la puissance. Son masque était orné de cinq petits drapeaux rouges.

FÊTE DU TSAME : UN DIEU D'ASPECT TERRIBLE SORT DU TEMPLE POUR ALLER DANSER DEVANT LE PUBLIC.

Derrière lui s'avançaient deux hommes et deux femmes couverts de bracelets et de bijoux, soi-disant venus des Indes, et qui avec de grands gestes invitèrent au silence les assistants.

L'orchestre se tut et timidement parut un grand vieillard, Gamba-Garbo, que les Mongols appellent Tsagan Ebouguen « le vieillard blanc ». Il s'avançait lentement, brisé par l'âge et comme épouvanté à l'aspect du public. Sa grande barbe tombait en flocons jusqu'à sa ceinture, il était presque chauve, habillé de blanc, et portait des souliers en peau de tigre; dans sa main droite était un bâton et dans la gauche un chapelet. Les livres saints nous l'ont fait bien connaître et nous disent qu'il habite aux Indes, maître souverain, dans la montagne mythologique appelée Chingok Mutchjing. Il a été créé pour accomplir les volontés de Bouddha, il donne les longues années aux jeunes gens, écarte la peste et la maladie; c'est lui également qui envoie les pluies pour rendre les prairies florissantes.

Effrayé par l'assistance si nombreuse, le pauvre vieux s'enfuit et se réfugia dans le temple, mais quatre lamas le ramenèrent de force et le traînèrent au milieu de la cour; Tsagan Ebouguen tomba à terre, et resta sans mouvement comme un mort. Un enfant du roi mythologique s'approcha alors de lui et brusquement fit résonner à son oreille les clochettes qu'il tenait à la main, puis se sauva en riant. Le vieux se souleva en tremblant d'effroi, s'assit à terre, ramassa son chapelet, essaya de se relever et retomba encore une fois. Pourtant il se tint enfin debout à l'aide de son bâton, il regarda le public et le ciel, et, rassuré, commença à danser lourdement à la façon des vieillards. Fatigué, il s'assit de nouveau et prit une prise dans sa tabatière. Tout à coup il se mit à trembler, il venait d'apercevoir la peau de tigre étendue près de l'offrande, il fit signe au public de se taire et, rampant, se traîna jusqu'à elle et la frappa d'un formidable coup de bâton. Voyant que la peau ne bougeait pas, il se coucha sur elle, écouta et fit signe que le cœur ne battait plus. Il sauta de joie et fit semblant de dépouiller une bête morte. Il mit ensuite la peau sur son épaule, mais tomba comme écrasé sous son poids. Il se releva difficilement, et, avec un air de triomphe, il la montra aux assistants qui s'amusaient et riaient de tout leur cœur.

La peau de tigre sur l'épaule, le vieillard blanc s'avança vers le roi; avec de grands gestes il lui mima les dangers qu'il venait de courir et lui raconta les épisodes de sa victoire; il lui offrit la peau que le roi refusa d'abord, mais fut obligé d'accepter devant son insistance; il la prenait à peine que le vieux se précipitant sur un des enfants l'emportait en courant, mais il tomba et le gamin retourna vite près de son père. « Ce vieux, me dit alors un lama, c'est bien l'humanité souffrante qui doit sans cesse lutter contre les ennemis et les difficultés qui l'entourent et qui cherche partout aide et assistance! »

Cependant vingt jeunes gens étaient entrés habillés de dix couleurs différentes : marron, rouge, noir, jaune, vert, groseille, cannelle, bleu clair, bleu foncé et blanc ; ils n'avaient pas de masques et portaient des chapeaux noirs et des chapelets blancs. C'étaient les Tchanaks derrière lesquels s'avançait le dieu Tchombon, qui dansa très longtemps un des plus curieux pas de la cérémonie; il n'avait pas de masque et était vêtu de soie bleue, un grand chapeau noir couvrait sa tête. Les Mongols le connaissaient surtout sous le nom d'Iamandava, le défenseur de la foi et le maître des dieux terribles. Son serviteur Argamba, vêtu comme lui, le suivait et imitait sa danse et ses mouvements.

Tsagan Ebouguen cependant s'était approché du Khambo-Lama et lui avait, à la grande joie du public, offert une prise; Iroltouiev donna alors un superbe khadak au vieillard qui sauta de joie et qui, encouragé, courut au taïcha la tabatière à la main. Le taïcha prit une prise à son tour, et mit un rouble dans la tabatière ; le vieillard refusa, le taïcha tira un second rouble de sa poche, mais le vieillard ne voulut pas partir; quand il eut reçu encore plusieurs pièces d'argent, il passa joyeux dans les rangs du public et offrit son tabac en échange d'écharpes de soie ou de menue monnaie. Tout ce qu'il recevait était pour le monastère. Cependant les Tchanaks continuaient leur danse folle et de temps en temps des lamas s'approchaient pour essuyer la sueur qui coulait de leurs fronts.

Tszamoundi, habillé de soie et de voiles noirs, sortit alors du temple en tenant une lance à triple pointe, précédant le maître des enfers qui se mit à danser à son tour. Tous les masques l'entourèrent et une danse générale commença soutenue par une musique exaspérée. Tout à coup Tchoïdjil montra le ciel : il faisait un temps merveilleux, l'orage qui menaçait était passé, plus un nuage n'apparaissait à l'horizon et un frémissement courut parmi les spectateurs : les dieux écartent toujours la pluie pendant la fête du Tsame. Je le dis au général Nadarov, gouverneur de la province, qui me répondit comme l'aurait fait Bouddha : « C'est ma présence à moi qui a chassé le mauvais temps ! »

Puis tous les masques, tous les lamas, tous les assistants se groupèrent et une procession merveilleuse se mit en marche. En avant allaient luxueusement vêtus les porteurs de l'offrande, dont les bons génies blancs défendent l'approche au noir Tchjarok, puis venaient les lamas rouges et jaunes, les taïchas bleus, les masques dont les miroirs et les armes brillaient fantastiquement sous les rayons du soleil, les officiers russes en uniforme, les femmes

Pl. 31, page 192.

FIN DE LA FÊTE DU TSAME : DÉPART DE LA LAMASERIE POUR ALLER BRULER L'OFFRANDE SUR LA COLLINE DE L'ONBONE.

avec leurs robes de soie brodée d'argent, les indigènes joyeux, les enfants enthousiasmés, tous ils marchaient vers le couchant, enveloppés dans une lumière aveuglante qui faisait de cette procession une éblouissante apothéose où les couleurs les plus vives et les plus variées se fondaient crument et harmonieusement à la fois.

Et ils allaient de plus en plus vite, gravissant la colline comme poussés par une force inconnue. Un bûcher entouré de bois et fait de troncs de sapins et de bouleaux se trouvait sur le faîte; un lama y mit le feu; en quelques secondes l'offrande ne fut plus qu'un peu de cendres et les bons génies n'avaient plus à la défendre contre l'esprit noir qui la contemplait placé fraternellement entre eux deux.

La fête était terminée...

Je me retournai et je regardai par-dessus les têtes de tous les indigènes qui descendaient la colline, le monastère dont les toits et les murs étincelaient et le lac que le soleil couchant remplissait de pourpre et d'émeraude; un vieux lama tout cassé s'approcha de moi et me dit très mélancolique :

« Regarde, notre ami, la fête d'aujourd'hui, hélas! ce n'est plus déjà que le passé! »

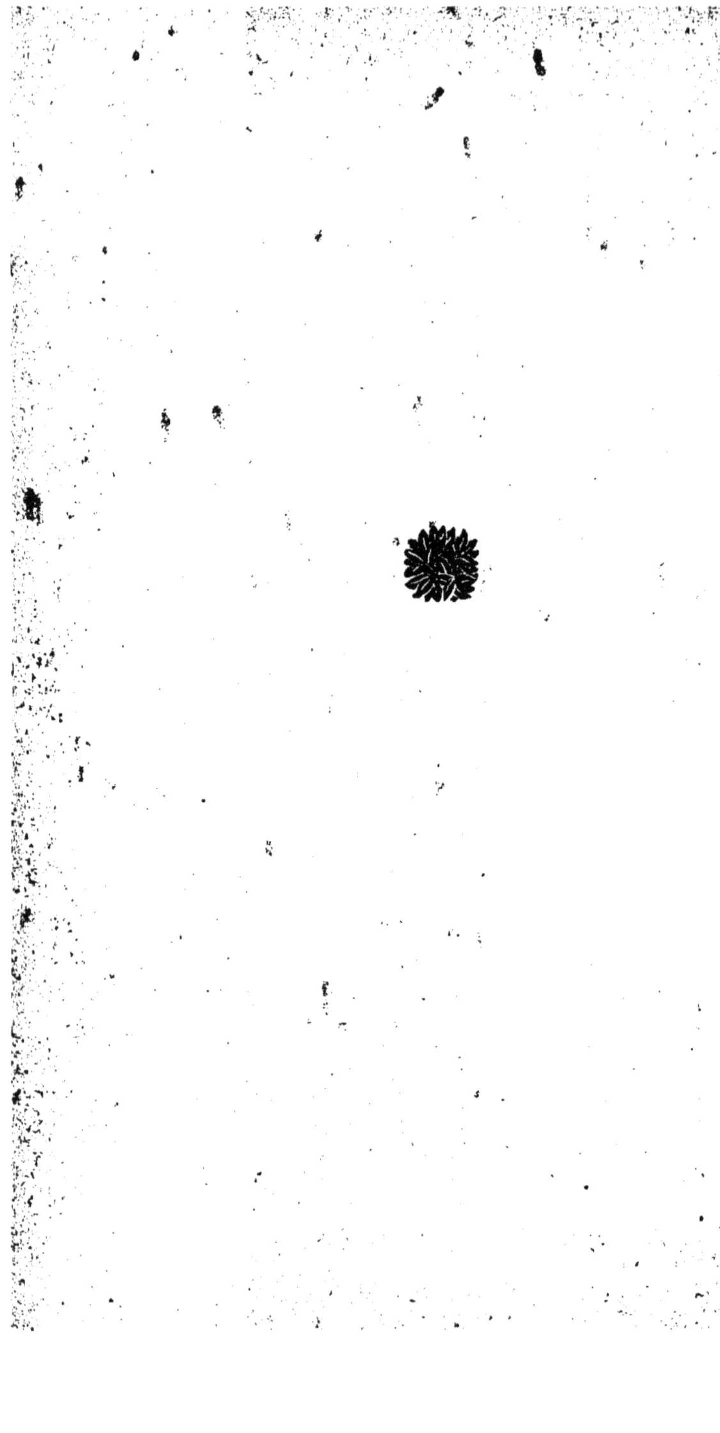

CHAPITRE XVIII

LE DÉPART

Lendemain de fête. — Visite à trois petits monastères. — Chez Nima. — L'avenir des Bouriates.

Le lendemain, le monastère semblait aussi tranquille qu'il avait été vivant la veille; c'était le jour où je devais quitter tout à fait les lamas; j'avais annoncé à Nima mon intention de partir à la première heure, dès que la fête serait terminée : « Comme les dieux, alors! » me dit Nima qui ajouta en riant : « Eh bien, non, je suis sûr que vous serez mieux traité qu'eux. Vous, le Khambo-Lama vous retiendra à déjeuner! » Tout se passa en effet ainsi que l'avait dit Nima, et je ne partis que dans l'après-midi. Le matin je me promenai dans le monastère et je parcourus pour la dernière fois les temples que, sans doute, je ne devais plus jamais revoir. La vie ordinaire avait repris, quelques élèves chantaient; des gamins passaient brouettant des seaux accrochés à de longues perches; dans le temple des lamas rangeaient les masques et les costumes. Les têtes effrayantes grimaçaient posées à terre; les robes d'or, d'argent, de pourpre et d'azur étaient entassées sur les bancs, les armes, les miroirs et les chapelets avaient été jetés pêle-mêle. Un vieux lama plaçait dans de vastes armoires des masques en grommelant entre ses dents, et je demandai à un élève de mes amis s'il disait tout bas une prière : « Oh! non, me répondit le futur lama, il leur dit : à votre niche; à l'année prochaine, les dieux, à l'année prochaine! »

Et j'allais partout interrogeant les lamas sur la signification du Tsame. La plupart ne savaient que me répondre : « Le Tsame, c'est une fête que l'on célèbre tous les ans! » Les plus instruits reconnaissaient qu'il y avait dans la cérémonie beaucoup de souvenirs de la religion chamaniste, qui partage le monde entre les esprits blancs et les noirs esprits, les premiers bons et bienfaisants, les seconds exigeants et méchants, toujours prêts, comme le Tchjarok de la veille, à voler les offrandes qui ne leur sont pas adressées. C'était en résumé le symbole de la lutte éternelle entre le bien et le mal. Je m'en étais bien aperçu, mais je ne pus pas en savoir davantage.

Cependant dans la maison d'Iroltouiev tour à tour se présentaient tous ceux qui m'avaient connu et qui venaient me dire adieu; nous échangions des cadeaux; j'avais fait collection d'albums de photographies et les vues de Paris enchantaient

APRÈS LA FÊTE, LES MASQUES SONT RANGÉS SUR UNE ÉTAGÈRE.

QUATRE TCHANAKS, COMPAGNONS NON MASQUÉS DU DIEU TCHOMBON, SE REPOSENT APRÈS AVOIR DANSÉ.

tous les lamas. Le Khambo-Lama m'offrit un grand khadak de soie bleue avec un Bouddha d'argent qui avait été fabriqué dans le monastère qu'il dirigeait. Il me remit ensuite quelques objets pour des Français qu'il avait connus pendant l'Exposition et qui lui avaient donné pour les Indes des lettres de recommandation. Aux Indes, il n'eut pas à se louer des Anglais qui le prirent pour un espion russe chargé de fanatiser les bouddhistes, et il dut demander protection au vice-consul de France, M. Fuchs, dont il parlait toujours avec reconnaissance. Le Khambo-Lama connaissait mieux la France que je ne pensais. Il avait remarqué sans doute que presque tous les Français portent un petit ruban violet à leur boutonnière et lorsque je lui demandai quel présent je pourrais lui envoyer de Paris, il me répondit : « Les palmes académiques ! »

Iroltouiev est aujourd'hui au comble de ses vœux : il a reçu la rosette d'officier de l'Instruction publique. Les « palmes » ont du succès partout, même au fond de la Sibérie !

Je repris alors la route de Verkhné-Oudinsk, en faisant quelques détours pour visiter les petites lamaseries voisines du lac des Oies, entre autres le monastère d'Azaïski, petit et peu riche en statues et celui qui sur la grande route postale de Kiakhta près du relais d'Arbouzovka se présente le premier au voyageur qui d'Europe vient en pays mongol. Le moine qui m'y reçut parlait admirablement russe et l'opinion générale le désignait comme un successeur possible du Khambo-Lama. Le datsane qu'il me fit visiter contenait deux grandes salles avec quelques statues seulement.

J'avais quitté le datsane depuis quelque temps déjà, quand j'aperçus dans la plaine trois cavaliers qui se dirigeaient vers moi à bride abattue : l'un d'eux menait un cheval blanc et ses compagnons qui semblaient lutter avec lui s'efforçaient en vain de le dépasser. Nima — car c'était lui — arrivé près de ma voiture, sauta à terre, saisit mes chevaux par la bride et les arrêta : « Nous sommes des voleurs, s'écria-t-il, on ne passe pas ! » Il m'annonça qu'un repas était préparé chez lui en mon honneur et que toute sa famille m'attendait. Et je retrouvai en effet Dara, ses parents et les braves gens que j'avais vus dès mon début en pays bouriate. Le déjeuner fini, Nima voulut me montrer la Sélenga qui coulait non loin de sa tente et au bord de laquelle son troupeau était allé se reposer. Les deux rives se ressemblaient, elles étaient faites d'un sable jaune et çà et là y poussaient quelques bouquets d'arbres, des trembles et des bouleaux. Devant nous un train de bois descendait la rivière et dans le lointain un autre qui semblait plus grand apparaissait. Sur les petits cours d'eau, le flottage se fait à bûche perdue, des barrages arrêtent les bûches aux confluents dans les fleuves ou dans les grandes rivières, on forme alors des trains de bois de dimensions diverses, beaucoup plus grandes sur la Chilka que sur la Sélenga. Le flottage commence à la fin d'avril et dure jusqu'en octobre, le bois est coupé l'hiver. La main-d'œuvre se paie à la tâche ou au mois, un compagnon flotteur se fait par mois de 50 à 60 francs, un abatteur de 1 fr. 50 à 2 fr. 70 par jour. Les trains de bois sont souvent chargés de farine, de thé ou de céréales.

Nous revînmes au campement, l'heure du départ s'avançait.

« Qu'est-ce qu'on fait en France quand on se quitte, me dit alors Nima, est-ce qu'on s'embrasse comme en Russie?

— Quand on s'aime bien, oui, répondis-je.

— Eh bien, Pavel Avgoustovitch, s'écria Nima, alors embrassons-nous comme de bon amis et embrassez Dara si ça vous fait plaisir. » Cela me faisait beaucoup de plaisir et j'embrassai Dara deux fois. « Jadis, ajouta Nima en riant, j'aurais dit à Dara de vous offrir bien davantage, mais nous avons un peu restreint notre hospitalité et c'est, ma foi! tant pis pour vous. Vous raconterez chez vous que les bonnes coutumes mongoles se perdent et vous le direz, je pense, avec un peu de regret! »

Quelques moments plus tard, Nima et quelques-uns de ses parents galopaient à côté de ma voiture. Bientôt Verkhné-Oudinsk apparut bâtie en amphithéâtre, avec ses maisons si pittoresques de loin; des vapeurs bleues ouataient autour d'elle la montagne et les caprices du soleil couchant avaient rempli le ciel de dorures étincelantes au-dessus des cimes qui s'élevaient abruptes. Nous étions arrivés au bord même de la Sélenga, devant le bac ; mes compagnons allaient me quitter.

« Combien de paysages vont ainsi tour à tour apparaître à vos yeux, me dit Nima, augmentant constamment la distance qui vous séparera de nous?
— A votre arrivée à Paris, ajouta un Bouriate à la grande barbe blanche, les vieux comme moi seront peut-être morts déjà. Tout change si vite, hélas! Pourtant, Pavel Avgoustovitch, on ne vous oubliera pas; les souvenirs, ça ne vieillit pas! »

Le bac s'était mis lentement en marche. Parmi les voyageurs qui s'y trouvaient, j'avais reconnu un condamné politique qui vivait depuis près de trente ans en Sibérie. On l'accusait tout bas d'assassinat. C'était un homme maigre, qui portait une barbe et des cheveux longs et incultes ; dans sa face toute blême ses yeux brillaient, pleins de fièvre et de feu, comme ceux d'un illuminé. Debout à côté de moi, il regardait, non sans dureté, le groupe des Bouriates derrière lesquels tombaient les rayons du soleil.

« Quelles bêtises vous a dites ce vieux Bouriate! me dit lentement l'exilé. Les souvenirs ne vieillissent pas! Tenez, regardez vos amis. Le soleil les éclaire d'éclatante façon, mais comme vos souvenirs, ils sont déjà à contre-jour, vous ne voyez plus les traits de leur visage, et vous ne distinguez plus la couleur de leurs vêtements. Ils font déjà tache d'ombre dans votre passé. »

Nous descendîmes du radeau et amèrement l'exilé ajouta : « Il y a beaucoup de souvenirs qui meurent, vous le verrez plus tard; il y en a qui se transforment et qui deviennent menteurs. D'autres s'accrochent à vous, malgré vous, ils vous gênent et vous torturent, et l'hiver ils ne vous tiennent pas chaud; mais ce n'est que goutte à goutte que le temps vous verse l'oubli. »

L'exilé s'était levé, et sans plus s'occuper de moi, il suivait à pas lents le bord de la rivière; il marchait très grand, le dos voûté, maigre, affreusement maigre dans sa longue redingote râpée, sous laquelle ses épaules s'agitaient et semblaient frissonner; il allait au hasard sans doute, droit devant lui, dans l'amertume de sa rêverie, tandis que les bergeronnettes s'envolaient joyeuses sous ses pas, et que le soleil remplissait de mirages éclatants la large rivière qui coulait entre de grands roseaux.

Une autre scène plus émouvante encore avait eu lieu devant moi deux jours auparavant. Après la fête une foule de Bouriates s'étaient groupés devant le gouverneur et à genoux les indigènes avaient prié le général Nadarov d'écarter d'eux les réformes annoncées et dont j'ai parlé plusieurs fois déjà. Ils l'avaient prié d'envoyer au Tsar leur supplique. Le général avait refusé. Et lentement, par groupes, parlant à voix basse, les Bouriates s'en étaient allés. « Le vainqueur marche sur nous, m'avait dit un taïcha, et pour mieux nous déchirer, il n'a pas quitté ses éperons ! »

Que sera l'avenir des Bouriates? De conducteurs de troupeaux qu'ils étaient, ils se transformeront en agriculteurs; les nomades deviendront sédentaires. Ils auront à lutter contre les colons russes, ils pourront faire aussi bien qu'eux, mais il faut qu'ils se civilisent s'ils ne veulent pas être vaincus par la civilisation. Les nouvelles voies ferrées achèveront de transformer le pays ; les mines connues seront exploitées et les prospections en mettront à jour de nouvelles. Les besoins s'accroîtront avec la richesse dans ce pays fertile, bien arrosé et dont le sous-sol contient des gisements de nombreux métaux. Ce seront là de nouveaux marchés qui s'ouvriront à l'activité universelle. Souhaitons que, secouant notre indifférence et notre torpeur, nous nous montrions concurrents des Allemands, des Américains, des Japonais et des Anglais sur les marchés de Transbaïkalie. Les habitants de la province ont besoin de tout. On peut placer là-bas nos vins, nos conserves, nos étoffes. On peut fournir des bateaux à vapeur, des moteurs, des armes, des charrues, des bêches, des faux, des pelles, des appareils de distillation et de brasserie, des machines, de la ferblanterie, des outils pour la maçonnerie, la serrurerie, la forge, la reliure, des instruments pour les mines et les charbonnages, pour le téléphone et l'électricité, des dynamomètres et tout ce qu'il faut pour les voies ferrées.

Il importe que nous occupions notre place parmi ceux qui apporteront avec le commerce et l'industrie un peu de civilisation derrière ces montagnes violettes qui abritent les grands monastères sur lesquels, sous la protection de ses Bouddhas et sous la lourde autorité des Russes, le Khambo-Lama, paré maintenant de ses palmes académiques, règne, effrayé par l'avenir et regrettant le passé.

TABLE DES GRAVURES

TABLE DES GRAVURES.

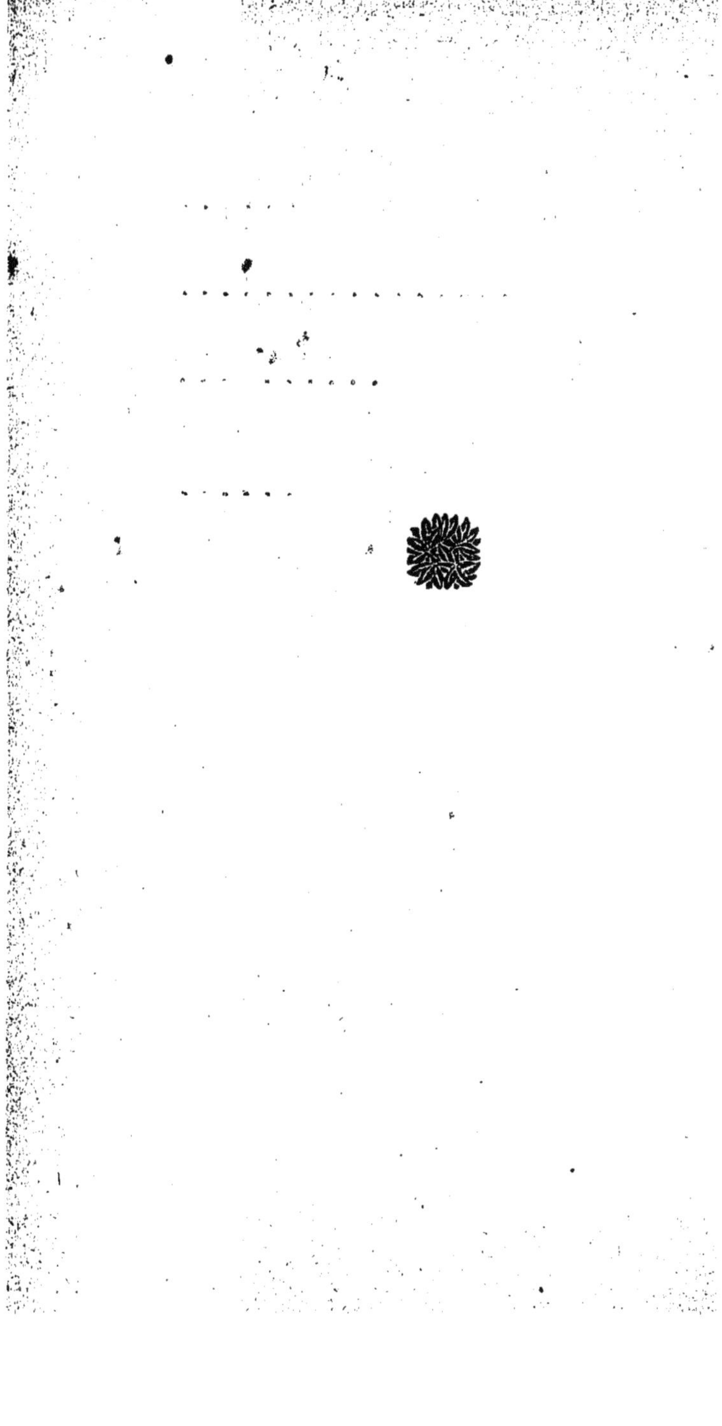

TABLE DES MATIÈRES

TABLE DES MATIÈRES.

Imprimerie F. Schmidt, Paris-Montrouge.

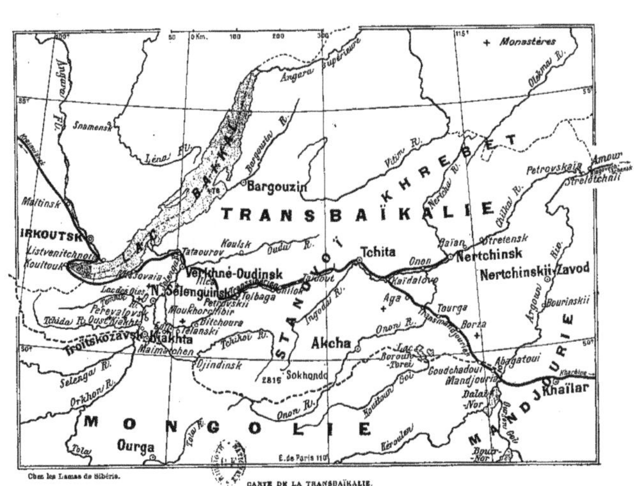

Chez les Lamas de Sibérie.

CARTE DE LA TRANSBAÏKALIE.

BIBLIOTHÈQUE DES VOYAGES ILLUSTRÉS A 4 frs

VOYAGE EN PORTUGAL
par G. de Beauregard et L. de Fouchier.

Récit de voyage évocateur de gracieux paysages et de mœurs curieuses; guide parfait du touriste au royaume de Manuel II. Souvenirs d'Histoire dans le cadre actuel dessiné avec art, et mille renseignements utiles à côté de considérations pittoresques sur les coutumes portugaises.

EN DANEMARK
par Ch. Berchon.

L'auteur nous fait aimer ce petit pays d'intimité laborieuse : il nous parle de la bonne ville de Copenhague; de la physionomie de ses rues un peu rébarbatives au progrès bruyant; de ses monuments; du « home » danois, et des campagnes aux mœurs lointaines et patriarcales.

A TRAVERS SUMATRA
par Fernand Bernard.

Batavia, « pays merveilleux sur lequel tous les conquérants se sont rués »... C'est la vie colorée des indigènes de ces contrées; c'est l'île d'Engano et ses habitants quasi-sauvages; c'est Padang, les mines de Solok, les gorges de l'Harrau et de l'Ayer Poetih, c'est Java...

ZIGZAGS EN FRANCE
par Henri Boland.

Cet ouvrage, que continuent les *Nouveaux Zigzags en France*, promène en le guidant le touriste à travers le pays le plus varié qui soit, infiniment riche en merveilles naturelles et artistiques, si apprécié des étrangers, si peu connu de nous Français !...

LES ILES DE LA MANCHE
par Henri Boland.

Un peu moins qu'un voyage : une promenade. Mais quelle promenade pittoresque et impressionnante parmi ces îles à loups de mer où la vie est simple et rugueuse, Jersey, Guernesey, Sercq, Herm et Jethou, Aurigny, « morceaux de France tombés à la mer et ramassés par l'Angleterre »...

L'ÉCOSSE
par M.-A. de Bovet.

C'est la terre aux âpres paysages et la terre aux tragiques légendes; c'est le pays de Macbeth, de Robert Bruce, de Marie Stuart, le pays de Walter Scott; livre également aimable et précieux au voyageur qui y retrouvera l'Ecosse, et au lecteur sédentaire qui l'y découvrira.

BIBLIOTHÈQUE DES VOYAGES ILLUSTRÉS A 4 frs

LA BULGARIE D'HIER ET DE DEMAIN
par M.-L. de Launay.

L'indépendance de la Bulgarie, reconnue par l'Europe, ajoute un intérêt tout particulier à cet ouvrage où le passé du nouveau royaume, sa situation présente et son avenir sont approfondis d'une façon clairvoyante et que justifient tous les jours les différentes phases du problème balkanique.

LUÇON ET PALAOUAN
par Alfred Marche.

Six années de voyage dans la province de Malacca et dans l'Archipel des Philippines. Paysages, choses et gens de Manille défilent devant nos yeux parmi les souvenirs historiques, parmi la vie même de ces régions extrêmement étranges et mêlées.

LA MER GLACÉE DU POLE
par A.-H. Markham.

C'est l'expédition, désormais classée historiquement, de l'*Alerte* et de la *Découverte* vers le Pôle, et c'est aussi un fantastique voyage en traîneau, sous les ordres du commandant Markham, à travers les floes et les cahos de hummocks de la mer paléocrystique.

FORÊT-NOIRE ET ALSACE
par Masson - Forestier.

Ces « Notes de Vacances » nous montrent, à l'ombre des pins noirs, un beau pays grave et sauvage, et font revivre, en un décor qui fut en partie français, de tragiques souvenirs d'histoire. L'âme de ces paysages est demeurée proche de nous...

A TRAVERS LA TRIPOLITAINE
par H.-M. de Mathuisieulx.

La Tripolitaine est fermée aux Européens par les Turcs depuis plus de vingt-cinq ans. M. de Mathuisieulx est le seul Européen qui ait offert à la science des documents de première main sur la géographie, la flore, la faune, la géologie, l'état politique et commercial de cette région...

AU JAPON
par Gaston Migeon.

Promenades aux Sanctuaires de l'Art : à pénétrer l'art de ce peuple japonais qui, pendant des siècles, consacra aux formes et aux couleurs les ressources prodigieuses d'une imagination raffinée, on est vite intéressé et ravi par la découverte de la plus belle face de la tradition japonaise.

BIBLIOTHÈQUE DES VOYAGES ILLUSTRÉS A 4 frs

VOYAGE AUX PHILIPPINES ET EN MALAISIE
par J. Montano.

Ces îles d'Extrême-Orient offrent un bien curieux spectacle : toutes les races s'y rencontrent, et pourtant chacune d'elles garde jalousement son originalité propre. Il faut lire ces pages pleines d'imprévu où, parmi les fantaisies d'un voyage fertile en aventures, défilent les hommes et les paysages de Malacca, Luçon, Soulon, Bornéo et Mindanao.

LES PAYS-BAS
par Emile Montégut.

Impressions de voyage et d'art : parmi la gloire et l'héroïsme des vieilles pierres éternelles de la Belgique et de la Hollande, toute la splendeur artistique de l'Ecole flamande nous apparait, évoquée avec une grande autorité par un critique averti et un artiste sûr.

EN BOURBONNAIS ET EN FOREZ
par Emile Montégut.

Français qui ne connaissez pas votre belle France, lisez ce livre : vous y découvrirez les beaux paysages de campagnes, les villes riches en monuments et en musées, les châteaux historiques du Nivernais, du Bourbonnais, du Forez et du Lyonnais.

MON SECOND VOYAGE AUTOUR DU MONDE
par Mme Ida Pfeiffer.

Tracez autour du globe une ligne idéale qui, partie d'Europe, passerait au Cap, sillonnerait les îles asiatiques, couperait les deux Amériques à Panama, traverserait les Etats-Unis, et enfin regagnerait Londres : c'est le tour du monde de Mme Pfeiffer.

AUX FJORDS DE NORVÈGE
par Charles Rabot.

Des villes, des campagnes, des monts et des forêts, des « marines » baignés d'une lumière « étrange, irréelle, extra terrestre ». La description la plus évocatrice d'un pays merveilleux, et, en même temps, le guide le plus sûr du voyageur et de l'excursionniste.

LA TERRE DE FEU
par Charles Rabot.

La pointe méridionale de l'Amérique du Sud offre deux aspects singulièrement différents : d'un côté, des forêts de myrtes et de magnolias peuplées de colibris ; de l'autre, des bras de mer parsemés, en plein été, de glaces flottantes : un paysage de chaud soleil et un paysage polaire...

VOYAGES ILLUSTRÉS GRAND IN-8°

COURTE (Comte de). *La Nouvelle-Zélande*. 1 vol. avec 88 gravures. Br. 12 fr. — Relié 17 fr. (Couronné par l'Académie Française).

DAIREAUX (E.). *La Vie et les Mœurs à la Plata*. 2 vol. avec 45 gravures. Br. 15 fr.

DEMANCHE (George). *Au Canada et chez les Peaux-Rouges*. 1 vol. avec 9 gravures hors texte et 1 carte. Br. 5 fr. — Relié 9 fr.

DIXON (Hepworth). *La Conquête blanche*. 1 vol. avec 118 gravures et 2 cartes. Relié 15 fr.

GALLIÉNI (Le Général). *Neuf ans à Madagascar*. 1 vol. ill. de 72 gravures hors texte. Br. 20 fr. — Relié 30 fr.

GENTIL (Emile). *La Chute de l'Empire de Rabah*. 1 vol. avec 126 gravures et 1 carte tirée hors texte. Br. 10 fr. — Relié 15 fr.

HARRY ALIS. *Nos Africains*. 1 vol. contenant 150 gravures et 4 cartes. Br. 12 fr. — Relié 17 fr.

— *A la Conquête du Tchad*. 1 vol. ill. Relié 9 fr.

HOCQUARD (Dr). *Une Campagne au Tonkin*. 1 vol. contenant 247 gravures et 2 cartes. Br. 20 fr. — Relié 25 fr.

LANDON (Perceval). *A Lhassa*. 1 vol. avec 24 planches en héliogravure hors texte. Relié 25 fr.

LENFANT (Le Commandant). *Le Niger*. 3e édition. 1 vol. avec 113 gravures et 1 carte. Br. 12 fr. — Relié 17 fr.

— *La Grande route du Tchad*. 1 vol. ill. de 115 gravures et d'une carte tirée hors texte. Br. 12 fr. — Relié 17 fr.

— *La Découverte des Sources du Centre Africain*. 1 vol. avec 104 gravures et 1 carte en couleurs. Br. 12 fr. — Rel. 17 fr.

LENZ (Dr O.). *Tombouctou*. Traduit de l'allemand par P. Lehautcour. 2 vol. avec 27 gravures et 1 carte. Br. 15 fr. — Reliés 23 fr.

LUMHOLTZ. *Au pays des Cannibales*. Traduit du norvégien par V. et W. Molard. 1 vol. contenant 150 gravures et 2 cartes. Br. 15 fr. — Relié 20 fr.

NACHTIGAL (Dr). *Sahara et Soudan*. Traduit de l'allemand par J. Gourdault. 1 vol. avec 99 grav. et 1 carte. Relié 14 fr.

NORDENSKIOLD. *Voyage de la Vega autour de l'Asie et de l'Europe*. Traduit du suédois par Ch. Rabot et Ch. Lallemand. 2 vol. avec 293 gravures sur bois, 3 gravures sur acier et 18 cartes. Br. 30 fr. — Reliés 40 fr.

— *La Seconde expédition suédoise au Gronland*. Traduction de Ch. Rabot. 1 vol. avec 139 gravures et 5 cartes hors texte. Relié 20 fr.

VOYAGES ILLUSTRÉS GRAND IN-8°

VOYAGES ILLUSTRÉS GRAND IN-4°

ALBÉCA (A.-L. d'). *La France au Dahomey*. 1 vol. avec 115 gravures et 3 cartes. Br. 20 fr. — Relié 25 fr.

BOVET (Mme M.-A de). *L'Écosse*. 1 vol. ill. de 300 gravures d'après G. Vuillier. Br. 30 fr. — Relié tr. dor. 40 fr.

CAPUS (G.). *A travers la Bosnie et l'Herzégovine*. 1 vol. avec 154 gravures et 1 carte. Relié 35 fr.

CATAT (Dr Louis). *Voyage à Madagascar*. 1 vol. avec 169 gravures et 4 cartes. Br. 25 fr. — Relié 35 fr.

CHARNAY (D.). *Les Anciennes villes du Nouveau Monde*. 1 vol. avec 214 gravures sur bois et 19 cartes ou plans. Br. 30 fr. — Relié, tr. dor. 45 fr. (Quelques exemplaires sur papier Japon, à 120 fr.)

DIEULAFOY (Mme Jane). *Aragon et Valence*. 1 vol. ill. de 100 gravures. Cart. 10 fr.

— *Castille et Andalousie*. 1 vol. ill. Br. 7 fr. 50. — Cart. 10 fr.

— *La Perse, la Chaldée et la Susiane*. 1 vol. avec 336 gravures sur bois et 2 cartes. Br. 30 fr. — Relié tr. dor. 45 fr. (Couronné par l'Académie Française.)

GARNIER (Fr.). *Voyage d'exploration en Indo-Chine*. 2 vol. avec 158 gravures sur bois, et 1 atlas in-folio cart., contenant 12 cartes et 10 plans, 2 eaux-fortes, 10 chromolithographies, 4 lithographies à 3 teintes et 31 à 2 teintes. Pr. 200 fr.

GEOFFROY (G.). *La Bretagne*. 1 vol. illustré de 350 gravures. Br. 30 fr. — Relié 40 fr.

HOCQUARD (Dr). *L'Expédition de Madagascar*. 1 vol. ill. de 50 gravures. Br. 10 fr. — Cart. 12 fr. 50.

HUBNER (Comte de). *Promenade autour du Monde*. 1 vol. avec 316 gravures sur bois. Br. 50 fr. — Relié, tr. dor. 65 fr.

KRAFFT (H.). *A travers le Turkestan russe*. 1 vol. ill. de 71 planches en taille-douce hors texte, et de 194 gravures en phototypie dans le texte. Broché 100 fr. — Rel. tr. dor. 120 fr. (Couronné par l'Académie Française et médaille d'or du prix Léon Dewez, de la Société de Géographie de Paris.)

LEMONNIER (C.). *La Belgique*. 1 vol. ill. Br. 30 fr.

VUILLIER (G.). *La Sicile*. 1 vol. ill. de 300 gravures par l'auteur. Br. 30 fr. — Relié, tr. dor. 40 fr. (Couronné par l'Académie Française.)

WEY (Fr.). *Rome*. 1 vol. avec 370 gravures sur bois et 1 plan; 5e éd. augmentée et suivie de *Rome italienne*. Br. 30 fr. — Relié, tr. dor. 45 fr.

LIBRAIRIE HACHETTE ET Cie

Collection de Voyages illustrés (form. in-16)

Chaque vol. : broché, 4 fr. — Relié en percaline, 5 fr. 50

AMICIS (De) : *Souvenirs de Paris et de Londres*..... 1 vol.
BEAUREGARD (De) *et* L. de FOUCHIER : *Voyage en Portugal*..... —
BERCHON (Ch.) : *En Danemark*..... —
BERNARD (F.) : *A travers Sumatra*..... —
BOLAND (H.) : *Les îles de la Manche*..... —
— *Zig-Zags en France*..... —
— *Nouveaux Zig-Zags en France*..... —
BOVET (Mme M.-A. De) : *Trois mois en Irlande*..... —
— *L'Ecosse*..... —
CAMERON : *Notre future route de l'Inde*..... —
CAROL (J.) : *Les deux routes du Caucase*..... —
CHAFFANJON : *L'Orénoque et le Caura*..... —
CONWAY : *Ascensions et explorations dans l'Himalaya*..... —
DESCHAMPS (E.) : *Au pays d'Aphrodite. Chypre*..... —
FARINI (G.-A.) : *Huit mois au Kalahari*..... —
FOUCHER (H.) : *La frontière indo-afghane*..... —
HUBNER (Cte de) : *Promenade autour du monde*..... 2 vol.
LABBÉ (Paul) : *Un bagne russe*..... 1 vol.
— *Les Russes en Extrême-Orient*..... —
LARGEAU (Victor) : *Le pays de Rirha*..... —
— *Le Sahara algérien*..... —
LAUNAY (L. de) : *La Bulgarie d'hier et de demain*..... —
MARCHE (A.) : *Luçon et Palaouan*..... —
MARKHAM : *La mer glacée du pôle*..... —
MASSON-FORESTIER : *Forêt-Noire et Alsace*..... —
MATHUISIEULX (De) : *A travers la Tripolitaine*..... —
MIGEON (G.) : *Au Japon*..... —
MONTANO (D[r]) : *Voyage aux Philippines*..... —
MONTÉGUT (E.) : *En Bourbonnais et en Forez*..... —
— *Les Pays-Bas*..... —
PFEIFFER (Mme) : *Mon second voyage autour du M.* —
RABOT (Ch.) : *Au cap Nord*..... —
— *Aux Fjords de Norvège*..... —
— *L'Alpinisme au Spitzberg*..... —
— *La Terre de Feu*..... —
RECLUS (Armand) : *Panama et Darien*..... —
RECLUS (Elisée) : *Voyage à la Sierra de Ste-Marthe.* —
SYKES (Major) : *A travers la Perse*..... —
TAINE (H.) : *Voyage en Italie*..... 2 vol.
— *Voyage aux Pyrénées*..... 1 vol.
— *Notes sur l'Angleterre*..... —
TANNEGUY DE WOGAN : *Voyage du canot en papier Le « Qui Vive »*..... —
THOMSON (J.) : *Au pays des Massaï*..... —
THOUAR : *Explorations dans l'Amérique du Sud*..... —
TUROT (H.) : *L'insurrection Crétoise*..... —
VANDERHEYM : *Une expédition avec Ménélick*..... —
VASSE (G.) : *Trois années de chasse au Mozambique.* —
VERSCHUUR : *Voyage aux trois Guyanes et aux Antilles*..... —
— *Aux colonies d'Asie*..... —
VILLETARD DE LAGUÉRIE : *La Corée*..... —
ZEYS (Mlle) : *Une Française au Maroc*..... —

10-1908.

www.ingramcontent.com/pod-product-compliance
Ingram Content Group UK Ltd.
Pitfield, Milton Keynes, MK11 3LW, UK
UKHW021050220726
13924UKWH00005B/2067

9 782019 914165